À LA RENCONTRE DES EXTRÊMES

LES RECORDS DE NOTRE PLANÈTE

NATIONAL GEOGRAPHIC

À LA RENCONTR

LES RECORDS DE

E DES EXTRÊMES

NOTRE PLANÈTE

Première institution scientifique et pédagogique mondiale à but non lucratif, la National Geographic Society a été fondée en 1888 « pour l'accroissement et la diffusion des connaissances géographiques ». Depuis lors, elle a apporté son soutien à de nombreuses expéditions d'exploration scientifique et fait découvrir le monde et ses richesses à plus de neuf millions de membres par le biais de ses différentes productions et activités : magazines, livres, programmes de télévision, vidéos, cartes et atlas, bourses de recherche. La National Geographic Society est financée par les cotisations de ses membres et la vente de ses produits éducatifs. Ses adhérents reçoivent le magazine National Geographic, la publication officielle de l'institution.

Visitez aussi le site web de National Geographic France : **www.nationalgeographic.fr**

EDITION ANGLAISE
Conception : Here + There
Maquette : Caz Hildebrand
Direction éditoriale : Joe Dolce
Texte de George W. Stone ; légendes de Hugo Davenport
Iconographie : Lily Richards
Documentation : Nathaniel Harris
Édition : Margaret Yamashita
Correction : Catharine Browne

EDITION FRANÇAISE
NG France
Directrice éditoriale : Françoise Kerlo
Responsable éditorial : Marilyn Chauvel
Adaptation française : Christine Dorville
Traduction : François-Xavier Durandy
Correction: Christiane Keukens-Poirier
Responsable de production : Alexandre Zimmowitch

ISBN : 978-2-84582-280-1
Dépôt légal : mars 2009
Imprimé par CAYFOSA-Impresia Ibérica en Espagne

« La civilisation n'existe
que par consentement
de la géologie : contrat
résiliable à tout moment
et sans préavis. »

Will Durant, 1885-1981

SOMMAIRE

Simon Winchester

Nous avons fait le projet, mon fils et moi, de nous retrouver un jour au bord du lac situé au pied du versant sud de la montagne considérée comme la plus sacrée du monde.

Nous partirons chacun de l'une des extrémités des deux routes de pèlerinage. Lui partira de Pékin et marchera vers le couchant, à travers les montagnes de l'ouest du Sichuan et du Xinjiang, les gorges du Yangzijiang, du Mékong et du Salwin, pour atteindre le plateau du Tibet. Il ne lui restera plus alors qu'à continuer jusqu'aux eaux glacées bleu profond de ce que des millions d'hommes appellent le lac Mansarovar.

De mon côté, j'irai à sa rencontre depuis l'Inde, en marchant vers le nord. Je traverserai l'Himalaya par ce col de 6 000 m que tous les mendiants sont censés avoir traversé pieds nus, et me retrouverai à mon tour sur les plateaux venteux du Tibet, d'où je continuerai vers le nord. Et j'arriverai à mon tour à pied – et non sur les mains ou les genoux comme les plus fervents de nos compagnons de route – au lac Mansarovar.

Là, je suis sûr de retrouver mon fils. Nous nous serrerons la main puis contemplerons le paysage alentour et lèverons la tête vers le nord pour emplir nos yeux et nos âmes de la vue des flancs enneigés du plus sacré de tous les sommets du monde, celui que bouddhistes, sikhs et hindous, ainsi qu'un bon nombre de chrétiens, connaissent sous le nom de Meru, mais que les géographes et le reste du monde désignent par le mont Kailash. C'est un sommet de forme stupéfiante, qui s'élève, majestueux dans sa solitude, comme un immense poing couvert de neige dressé vers les étoiles. On dit que le plateau tibétain est l'endroit de la Terre le plus proche du ciel. Et que le mont Kailash est l'échelle qui mène à Dieu.

Ma famille a toujours eu un certain penchant pour les sites extrêmes. Quand j'étais jeune, je m'étais mis en tête de retrouver la source de tous les fleuves, et mon fils, celui-là même que je dois retrouver au pied du mont Kailash, se souvient avec une certaine amer-

UCTION

tume de ce jour de l'An – il y a trente ans de cela – où je le traînai, lui et ses frères, sur des kilomètres à travers des champs boueux, dans la brume et la neige fondue, jusqu'à cette dépression située au fin fond d'un bois, dans les collines de Cotswold, où la Tamise est censée prendre sa source. Lorsqu'ils furent adolescents, j'emmenai mes trois fils jusqu'aux plus hauts sommets du Royaume-Uni : du Snowdon gallois – via le Crib Goch, une redoutable crête d'ardoise effilée comme un rasoir, qui devint plus tard dans la famille une épreuve de bravoure, voire d'inconscience – au Ben Nevis écossais – via l'arête de Carn mor Dearg, une crête de granit tout aussi impressionnante – en passant par le Scafell Pike, dans la région des Lacs, sommet plutôt modeste, mais qui est ce que l'Angleterre a de mieux à offrir.

D'autres expéditions furent plus ambitieuses. J'avais sans doute une prédilection pour les voyages lointains en solitaire, mais mes années à Oxford m'en inoculèrent définitivement le virus. J'avais pour professeur l'alpiniste Lawrence Wager, qui avait escaladé l'Everest, encore invaincu, jusqu'à 8 235 m et avait la passion des sites les plus sauvages. C'est lui qui me poussa à partir pour le Groenland où je passai, avec cinq camarades, un été interminable et glacé sur une calotte glaciaire au sud du village de Scoresbysund. L'été fut riche en aventures : bloqués par le mauvais temps, nous fûmes contraints de chasser pour nous nourrir et d'abattre à notre grand dam un ours polaire, et de traverser une mer profonde de quelque 1 000 m en marchant pendant des jours sur un fin tapis de glaces dérivantes.

C'est de cet été que date mon amour pour le Groenland, où je retournai par la suite une vingtaine de fois. Ce pays est pour moi une sorte de frontière séparant le confort douillet du monde que je connais des réalités plus rudes d'un autre que j'aspire à comprendre. Je proposai un jour à un Inuit du Groenland occidental de m'emmener sur son traîneau à des dizaines de kilomètres de tout hameau, de toute piste, et de m'y abandonner pendant deux

Le plaisir de l'extrême s'exprime chez moi par une fascination muette.

ou trois semaines. Il n'y avait rien que l'immensité silencieuse du haut Arctique : pas un oiseau, pas un être vivant, pas un son. Pas même celui du vent, puisqu'il soufflait dans le vide – mis à part moi et ma petite tente. Ce que j'ai pu prier pour que l'homme réapparût et me ramenât à la maison ! Et pourtant, sur le chemin du retour, à bord du traîneau qui fendait l'air et la neige, je réalisai que j'aurais sans doute aimé qu'il m'oubliât pour de bon.

Le plaisir de l'extrême s'exprime chez moi par une fascination muette. Je suis insensible à ce sentiment morbide qui pousse tant d'hommes à se mesurer avec la nature et à s'acharner à trouver l'audace et la bravoure qui leur permettront de relever un défi et d'en sortir vainqueurs. Moi qui suis plutôt d'un naturel timoré, voire poltron, je n'aspire qu'à me remplir les yeux et me pâmer devant les merveilles du monde. Et il y en a suffisamment – dans ma vie et dans les pages qui vont suivre – pour laisser pantoise une génération entière !

J'aime les lieux isolés. J'aime Turfan, en Asie centrale, Tannu-Tuva à la frontière entre la Chine et la Mongolie, Weihaiwei en Mandchourie – ces sites tombés dans l'oubli et à côté desquels on passe sans s'arrêter. J'aime aussi les îles perdues – Pitcairn dans le Pacifique et Tristan da Cunha dans l'Atlantique – et suis attiré par les roches nues des îles Kerguelen, Amsterdam ou Jan Mayen, ces bastions déserts et brumeux qui se dressent dans les eaux froides et houleuses des hautes latitudes. Partout, j'y ai trouvé des hommes (et quelques rares femmes) dont les qualités d'endurance et de stoïcisme, les dons de marin et de conteur, l'esprit d'indépendance et l'ingéniosité n'ont pas d'équivalent dans nos petits univers douillets. Les habitants de ces îles du bout du monde sont des représentants exemplaires de l'humanité, comme j'aime à penser que nous le fûmes un jour. Leur rencontre est une expérience intense qui donne à réfléchir sur le sens de la noblesse humaine, jadis vital, et sur la façon dont il s'est lentement dévoyé, sous la perfide influence des repas à heures fixes et du chauffage central.

La vision du beau suscite autant la réflexion que l'émerveillement. Le plus beau volcan du monde – « beau » ayant ici le sens d'« harmonieux » – est le Mayon, aux Philippines. Ni particulièrement haut ni aussi meurtrier que le Krakatoa, qui figure en bonne place dans tous les atlas de l'extrême, c'est une montagne si belle et si majestueuse qu'elle inspire le respect comme nulle autre, même à des kilomètres de distance.

J'en fis un jour l'ascension avec un ami. Nous nous mîmes en route bien avant l'aube, traçant notre chemin à la machette à travers les épaisses forêts de pandanus qui couvrent sa base, et atteignîmes les falaises d'andésite, lisses, glissantes et parcourues de petits serpents à l'heure du petit déjeuner. Vers 11 heures, nous abordions les flancs recouverts de cendres du sommet lorsqu'un violent orage éclata au-dessus de nous. Nos guides, apeurés, se dispersèrent en pleurnichant comme des enfants pour se réfugier dans une grotte. Nous continuâmes en rampant à travers une pluie de grêlons, projetés à l'horizontale par les vents furieux, et atteignîmes le bord du cratère et sa croûte de soufre vers midi. Le vent tomba brusquement, les nuages se dissipèrent peu à peu et tout l'archipel des Philippines s'offrit à notre vue sur une centaine de kilomètres dans un étourdissant déluge de bleu. Il n'y avait aucun bruit, nous étions seuls. Nous étions à la lisière du monde, là où les forces telluriques inconnues croisent les plaisirs artificiels dans lesquels nous allions nous replonger dans quelques minutes. Mais, pendant un court instant, tout ne fut que sublime.

Il y a enfin les sites qui allient aux splendeurs de la solitude une beauté dangereuse, ceux qui marient la magie à l'isolement. À 5 milles nautiques de l'endroit où je possède un cottage, dans les îles de l'ouest de l'Écosse, se trouve l'un des plus grands tourbillons au monde, l'un de ces immenses et dangereux vortex générés par les courants de marée. Parmi toutes les mers du globe, cinq de ces tourbillons sont particulièrement spectaculaires : deux

Nous étions à la lisière du monde, là où les forces telluriques inconnues croisent les plaisirs artificiels dans lesquels nous allions nous replonger dans quelques minutes.

– dont le fameux maelström des îles Lofoten – se situent en Norvège, un autre se trouve au Japon, un quatrième, plus petit, au large du Maine et du Nouveau-Brunswick. Quant au cinquième, le mien, il se situe dans le détroit qui sépare l'île méconnue de Scarba et celle, plus célèbre, de Jura, sur laquelle George Orwell écrivit *1984*.

Il s'agit du détroit de Corryvreckan. Au plus fort des marées, lorsque d'immenses déferlantes viennent se fracasser contre un pinacle immergé culminant à 20 m dans un chenal par ailleurs profond, elles déchaînent un véritable enfer marin : l'eau tourbillonne, rugit et projette de monstrueuses colonnes d'embruns. Le grondement est si fort qu'il s'entend jusqu'à Colonsay, à plus de 30 km de là. Il est déconseillé aux bateaux, même robustes, de tenter la traversée du détroit de Corryvreckan pendant les marées de vive-eau. Il arrive qu'un équipage envoie des troncs d'arbre dans le tourbillon pour voir ce qui se passe : ils disparaissent à tout jamais, engloutis à des centaines de mètres de profondeur et réduits en bouillie par la force implacable de la mer.

Le tourbillon de Corryvreckan ne peut inspirer qu'un profond respect mêlé d'effroi, même si le silence glaçant qui sied le mieux à ce genre de sentiment lui fait défaut. La première fois que je le vis, c'était depuis l'une des falaises du sud de Scarba : la mer était calme, les eaux dormantes. Puis le tourbillon se forma : la mer commença à s'agiter, puis à faire rage et, en une demi-heure, les embruns s'élevaient en fumée dans un bruit de canonnade, tandis que les eaux évoquaient celles des chutes du Niagara, blanches d'écume et tonitruantes. C'est alors que, dans un coin de mon champ de vision, j'aperçus un jeune chevreuil apeuré qui se tenait près de moi, cloué sur place comme je l'étais. Il vit que je le regardais, son regard se porta sur moi un instant, terrifié, puis retourna à la mer furieuse, en contrebas. Enfin, l'animal fila comme l'éclair dans la bruyère pour retourner à la sécurité de son univers familier.

C'est cela que représentent pour moi ces lieux de l'extrême : la vision d'un monde que j'aspire à connaître et que j'entraperçois depuis le mien, mieux connu et plus rassurant. De temps en temps, quand le voyage n'est pas trop difficile et n'exige pas trop d'héroïsme, j'aime goûter ces endroits : je mets le cap sur Tristan da Cunha pour y débarquer, j'escalade le Mayon pour jeter un œil dans le cœur du cratère, j'embarque sur un bateau bien gréé – je l'ai déjà fait trois fois – pour traverser le tourbillon de Corryvreckan. Mais, le plus souvent, c'est de loin que je contemple ces merveilles, me laissant littéralement submerger par la majesté intrinsèque de leur existence. Chacune me rappelle le côté infinitésimal de tout ce qui est humain et l'émerveillement indescriptible que procurent le monde et l'univers.

Je crois que cet émerveillement ne saurait être nulle part ailleurs plus puissant qu'au pied du mont Kailash. Je n'y suis jamais allé. Pas encore. Je ne le connais que par mes lectures et par ce que m'en ont relaté les rares amis qui l'ont visité à la façon des pèlerins, c'est-à-dire à pied – car il est possible de se rendre au mont Kailash par la route, ce que j'assimile à du vandalisme spirituel. Dans quelques années, mon fils et moi, nous nous y retrouverons et lèverons la tête en cherchant du regard ce que de nombreux pèlerins disent avoir vu dans la glace craquelée du sommet : un svastika géant, marque sacrée, qui confirme, ne fût-ce que symboliquement, le caractère saint du lieu et le fait qu'il mérite bien toute l'importance et le statut que l'homme lui a accordés.

Sans doute resterons-nous sur la rive du lac Mansarovar aussi longtemps que nous n'aurons pas vu ce signe. Après quoi, mon fils et moi quitterons le plus spirituel des lieux extrêmes, pour rentrer à la maison, unis et comblés. Et j'en viens à me demander s'il me restera un endroit où aller après le Kailash. Bien sûr, me répondra mon fils : nous ne faisons que commencer à explorer le monde et ses vastes empires merveilleux.

1 LA T

ERRE

« Nous longions le cimetière de Yungay lorsque la voiture se mit brusquement à vibrer. Nous descendîmes aussitôt et je vis s'effondrer plusieurs maisons, ainsi que le petit pont enjambant le ruisseau près de la colline du cimetière. La secousse dura une demi-minute, et son intensité commençait à diminuer lorsque j'entendis un formidable rugissement provenant du Huascarán. Je levai les yeux et vis une sorte de vague, de nuage de poussière, d'immense bloc de roche et de glace qui se détachait du sommet nord. Ma première réaction fut de courir vers les hauteurs du cimetière, à 200 m de là.

Le sommet de la vague était arqué, comme celui d'une monstrueuse déferlante de plus de 80 m de haut. J'atteignis les hauteurs du cimetière au moment où le flot de roches s'abattait en contrebas. Je devais avoir à peine dix secondes d'avance sur lui. »

Mateo Casaverde, géophysicien péruvien, qui fut le témoin oculaire du tremblement de terre et de l'avalanche du Huascarán

LE PLUS HAUT SOMMET DU MONDE

L'Everest

SITUATION Au cœur de l'Himalaya, à la frontière du Népal et du Tibet
ALTITUDE 8 850 m
COORDONNÉES 27° 59′ 00″ N | 86° 56′ 00″ E

« Parce qu'il est là ! » C'est ce que répondait le légendaire George Leigh Mallory lorsqu'on lui demandait pourquoi il voulait à tout prix vaincre le mont Everest, le « troisième pôle » du monde et le dernier qui résistât encore à l'époque de ses expéditions. On pensait alors qu'avec un air aussi pauvre en oxygène, des températures aussi basses et des vents aussi violents, il était impossible à un homme de résister suffisamment pour atteindre le toit du monde. Mais Mallory était têtu, et sa fin tragique, en 1924, lors de sa troisième tentative pour atteindre le sommet du Chomolungma – « déesse-mère des neiges » des Sherpas tibétains –, semblait confirmer cette idée que le toit du monde n'est pas fait pour les humains.

Du moins jusqu'au 28 mai 1953, date à laquelle un apiculteur néo-zélandais, Edmund Hillary, et son guide, le Sherpa Tenzing Norgay, se rendirent enfin maîtres de Sagarmatha – « mère de l'univers » des Népalais – et entrèrent ainsi dans l'Histoire. C'était leur neuvième tentative. Depuis, quelque mille cent grimpeurs ont renouvelé leur exploit, mais au moins cent soixante-dix autres y ont trouvé la mort.

L'altitude officielle de l'Everest – 8 850 m – fut annoncée le 11 novembre 1999. Supérieure de 2,10 m à l'altitude précédemment reconnue, cette mesure fut réalisée grâce à la technologie du positionnement par satellite (GPS) par une équipe de sept alpinistes qui relevèrent depuis le sommet les données de différents récepteurs GPS. On estime l'épaisseur de la couche de glace éternelle recouvrant le sommet de l'Everest à 6 m, mesure qui sera confirmée par de prochains tests.

L'Everest culmine au sommet de l'Himalaya, une jeune chaîne qui n'a pas achevé sa croissance puisqu'elle gagne encore 5 cm par an. Dominant le sous-continent indien, l'Himalaya a commencé sa poussée il y a quelque 25 millions d'années. Et, si l'Everest n'est le sommet du globe que depuis près de 500 000 ans, la fascination qu'il exerce sur certains – l'indifférence sur la plupart des autres – reste inégalée.

Appelé au Tibet *Chomolungma*, « déesse-mère des neiges », et au Népal *Sagarmatha*, « mère de l'univers », l'Everest a déjà vu périr plus de cent cinquante grimpeurs sur ses flancs de glace. Mais il en revient toujours, qui le gravissent en solitaire et sans oxygène, comme l'Italien Reinhold Messner, ou qui le descendent à skis, comme le Japonais Yuichiro Miura en 1970.

LE PLUS HAUT PLATEAU DU MONDE

Le plateau du Tibet
SITUATION Sud-ouest de la Chine
ALTITUDE 4 000 à 5 500 m
COORDONNÉES 33°-35° N | 80°-95° E

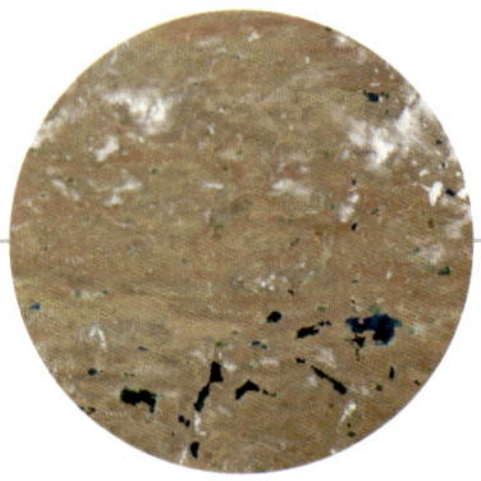

Bordé au nord par les plaines arides du Tarim et du Qaidam et par les massifs de l'Himalaya, du Karakorum et du Pamir au sud et à l'ouest, le plateau du Tibet s'étend au sud-ouest de la Chine sur une superficie grande comme six fois la France.

Avec une altitude voisine de 5 000 m au-dessus du niveau de la mer, ce paysage désolé, aride et battu par les vents est le plus haut plateau du monde. Si le plus élevé de ses sommets dépasse à peine 7 000 m, il détient néanmoins plusieurs records dans les plis de son terrain, aussi inhospitalier que varié, avec son immense permafrost et ses nombreux lacs salés. Avec ses 4 920 m, par exemple, le lac de Tilicho, au Népal, est l'un des plus élevés au monde.

Avec la montagne, la colline et la plaine, le plateau est l'un des quatre éléments du relief. Il est né des mouvements ascendants de la croûte terrestre générés par la collision des plaques tectoniques. Avec le temps, l'érosion dessine sa surface et ses contours, sculptant des falaises ou des marches, tandis que les cours d'eau y creusent des vallées.

Le plateau du Tibet a commencé à se former au début du miocène, au milieu de l'ère tertiaire, pour atteindre son altitude actuelle il y a environ 8 millions d'années. Parmi les paysages qui composent son décor, on trouve de vastes steppes, des lacs turquoise, des forêts denses et des déserts, qui abritent une faune variée et des espèces très menacées comme le yack sauvage, le saïga ou antilope tibétaine, l'ours noir de l'Himalaya, le mouton bleu ou le rhinocéros unicorne.

Il y a environ 50 millions d'années, la plaque indienne est venue heurter la plaque eurasienne, donnant naissance à ces géants que sont la chaîne de l'Himalaya et le plateau du Tibet. La région qui entoure le toit du monde est en perpétuelle évolution sous l'effet de forces telluriques assez puissantes pour élever encore de 5 cm par an l'altitude du massif himalayen. Autour de ces sommets se trouvent quelques-unes des plus remarquables formations géologiques au monde : monts enneigés, glaciers, canyons, etc.

Dans son célèbre *Sept Ans d'aventures au Tibet*, Heinrich Harrer écrit : « Nous dépensions notre énergie à chercher des bouses de yack et de l'eau, et le simple fait de parler nous épuisait. Une fois par jour, nous cuisinions de la viande que nous arrosions de sauce prise à même la poêle : le point d'ébullition étant si bas que nous ne risquions pas de nous brûler la langue. »

George C. Band

ASCENSION

Perché en position instable sur une pente glacée à 45° à près de 8 235 m d'altitude, j'essayais d'aménager à l'aide de mon piolet une plate-forme pour y installer notre minuscule tente deux places. J'arrivai à la roche. La plate-forme était beaucoup trop étroite, si bien que, lorsque la tente fut montée, elle pendait dangereusement au-dessus du vide. Notre équipe de soutien redescendit, et Joe Brown et moi fûmes laissés à nous-mêmes. Nous tirâmes au sort celui de nous deux qui allait dormir au bord du gouffre. C'est moi qui perdis.

Nous étions le 24 mai 1955. Joe et moi avions été sélectionnés par Charles Evans pour être les premiers à tenter l'ascension du Kangchenjunga. Avec ses 8 586 m, c'était alors le plus haut sommet invaincu au monde, moins haut que l'Everest de quelque 250 m mais considéré comme plus difficile. Des années durant, il avait mis en échec les puissantes expéditions menées sur son éperon nord-est et sa face nord-ouest. Sa face sud-ouest était quant à elle balayée par de fréquentes avalanches. John Hunt, qui avait dirigé la première ascension de l'Everest au cours de laquelle Hillary et Tenzing atteignirent le sommet quatre jours avant le couronnement d'Élisabeth II, venait d'affirmer que l'ascension du « Kangch », comme nous l'appelions, « serait le plus grand exploit de l'alpinisme », ajoutant qu'elle présenterait des problèmes techniques et des dangers plus grands encore que ceux auxquels nous avions dû faire face sur l'Everest.

Sur l'Everest, j'étais le benjamin de l'équipe. Mon rôle y avait été modeste, de sorte que cette ascension représentait pour moi une chance de briller. Joe en était à son premier voyage dans l'Himalaya, mais sa réputation de meilleur ascensionniste britannique l'avait précédé. Avant l'exploit d'Hillary et de Tenzing, l'Everest avait déjà été escaladé plusieurs fois jusqu'aux 300 m précédant le sommet. Or nous nous attaquions ici à la face sud-ouest du Kangch, quasi vierge, où personne n'avait jamais dépassé les 6 000 m ! Notre but était d'atteindre la grande terrasse de glace située à 7 300 m. Toutefois, nous emportions de l'oxygène et un équipement suffisant pour nous attaquer au sommet au cas où les conditions se présenteraient mieux que prévu.

L'ascension offrait une particularité : la moitié orientale du Kangchenjunga se trouve au Sikkim, pays où les habitants vénèrent ce sommet comme une divinité. Le profaner eût été sacrilège. Nous promîmes donc de ne pas dépasser le point au-delà duquel nous verrions un chemin facile conduisant au sommet et de ne pas fouler celui-ci du pied.

Il nous fallut quatre semaines pour arrêter notre itinéraire : nous devions longer un dangereux à-pic glacé pour rejoindre un mur de glace censé nous apporter pendant la progression une relative protection contre les avalanches. Une fois définies nos étapes et les équipes de sherpas qui nous escorteraient avec les vivres, nous étions prêts à nous lancer à l'assaut. Nous avions décidé de grimper par deux, à un jour d'intervalle : Joe et moi d'abord, puis Norman Hardie et Tony Streather.

Ce soir-là, Joe et moi, nous nous préparâmes une boisson au citron lyophilisée et du thé fortement sucré pour éviter la déshydratation. Nous dînâmes d'un potage d'asperges en sachet, d'une petite boîte de langues d'agneau avec de la purée en flocons et d'un lait chocolaté. Puis nous nous glissâmes dans nos sacs de couchage tout habillés, sans même quitter nos chaussures : pas question de les laisser geler comme le fit Hillary sur l'Everest. Nous gardâmes aussi notre harnais dont nous fixâmes la corde à un piton rocheux situé à proximité, au cas où la tente glisserait dans le vide. Nous nous partageâmes une bonbonne d'oxygène pour dormir – 1 l/min –, mais j'eus le sommeil très agité. J'étais trop excité. Pas question de décevoir l'équipe qui avait tout mis en œuvre pour que nous puissions monter aussi haut ! Je priai pour qu'il fît beau.

À 8 h 15, nous nous engageâmes dans le couloir menant à la crête ouest. Elle était hérissée de pinacles épineux, et nous décidâmes de renoncer au couloir pour attaquer directement la face sud-ouest. Comme le sol était fait de glace, de neige et de roche, nous défîmes nos crampons et l'abordâmes comme une simple varappe. Nous nous dirigeâmes vers une petite crête neigeuse conduisant à la crête ouest et atteignîmes une merveilleuse petite plate-forme rocheuse sur laquelle nous avions l'impression d'être suspendus dans les airs, à des milliers de mètres au-dessus du camp de base et du glacier.

Nous atteignîmes la crête à 14 heures. Nous ne disposions plus que de quelques heures d'oxygène.

– Il faudra redescendre vers 15 heures, Joe, dis-je. Sans quoi, on va devoir dormir dehors.

– Alors, nous devons atteindre le sommet d'ici là ! me répondit-il en hurlant.

Nous maintenant juste en dessous de la crête pour éviter de nous exposer au vent, nous

À 6 000 m d'altitude, les nuages formaient une mer aux vagues blanches de laquelle émergeaient, tels des îlots rocheux, les plus hauts sommets.

arrivâmes en contrebas d'un bec rocheux qui s'élevait abrupt et nu. La paroi était fendue de plusieurs crevasses verticales d'environ 6 m de hauteur, avec un léger surplomb au sommet. Joe voulut en emprunter une. Il régla le débit de son oxygène (6 l/min) et se força un chemin en assurant sa progression à l'aide de quelques relais. Je le suivis.

Formé d'un cône de neige émoussé, le sommet du Kangch se dressait à 6 m devant nous, à peine à 1,5 m au-dessus de l'endroit où nous nous tenions. Nous étions arrivés aussi loin que nous en avions le droit.

On m'a souvent demandé si j'avais été tenté de franchir ces derniers mètres. La réponse est non : j'étais épuisé et ravi d'avoir une bonne excuse pour m'arrêter. Mais quelle vue ! À 6 000 m d'altitude, les nuages formaient une mer aux vagues blanches de laquelle émergeaient, tels des îlots rocheux, les plus hauts sommets. À 130 km vers l'ouest, les géants du Makalu, du Lhotse et de l'Everest se découpaient en bleu profond sur l'horizon pâle.

Nous entamâmes la descente. Au bout d'une heure, notre oxygène fut épuisé : nous abandonnâmes l'équipement et poursuivîmes péniblement. Guidés par les cris de Hardie et de Streather, nous regagnâmes notre tente au crépuscule. Nous aurions dû continuer à descendre, mais l'obscurité rendait la chose trop dangereuse, si bien que nous nous pressâmes à quatre dans la minuscule tente. Je me retrouvai à nouveau au bord du précipice !

Hardie et Streather renouvelèrent notre ascension le lendemain. Plus familiers de la glace que de la roche, ils gardèrent leurs crampons. La crevasse verticale de Joe, près du sommet, ne les inspira pas : ils préférèrent la contourner et trouvèrent une crête neigeuse d'accès facile conduisant au sommet. Mais, à leur tour, ils s'arrêtèrent à quelques mètres, par respect pour la divinité du Kangchenjunga. Notre exploit ne devait pas être réitéré avant vingt-deux ans.

LA PLUS HAUTE CHAÎNE MONTAGNEUSE DU MONDE

L'Himalaya

SITUATION À la frontière nord du sous-continent indien

COORDONNÉES 27°-35°N | 75°-90° E

Il y a environ 55 millions d'années, lorsque la plaque tectonique indienne entra en collision avec la plaque eurasienne – avec une force qui la propulsa de plus de 2 012 km en territoire asiatique et qui est encore sensible aujourd'hui, mais très atténuée –, les roches sédimentaires légères de l'ancienne Téthys se soulevèrent sous l'effet de la pression. Ce sont ces roches plissées qui donnèrent naissance, il y a 25 millions d'années, à l'Himalaya – « séjour des neiges » en sanscrit –, qui englobe trois massifs distincts s'étendant sur quelque 2 500 km, le long de la lisière sud du plateau tibétain.

L'Himalaya comporte plus de trente sommets de plus de 7 620 m et est le seul massif au monde à posséder des sommets de plus de 8 000 m. Ceux-ci sont au nombre de quatorze, dont l'Everest (8 850 m), le plus élevé de tous, et le Kangchenjunga (8 586 m). Cette chaîne de montagnes relativement jeune et toujours croissante est une zone exposée à de fortes secousses sismiques et à des déferlantes d'alpinistes qui rêvent de conquérir au moins l'un de ses sommets. L'Himalaya reçoit également des visiteurs aux aspirations plus spirituelles, attirés par les lieux de pèlerinage hindous ou les monastères du bouddhisme tibétain. Quant aux trekkers, ils se cantonnent aux contreforts du massif, dont le versant sud, toujours gelé, alimente les grands fleuves du sous-continent indien : Indus, Gange et Brahmapoutre.

L'Himalaya a engendré de nombreux mythes, des superstitions rurales aux légendes bouddhiques en passant par les contes populaires du Tibet. Le paradis y est un thème récurrent, comme il sied à une telle altitude. Le Shambhala, pays mythique de sagesse et de paix universelles, se trouverait quelque part au-delà du Tibet. Ce royaume fabuleux aux lacs de saphir, aux arbres à souhaits et aux pierres douées de parole est aussi appelé *Shangri-La*. Si, pour de nombreux touristes, il est farfelu de penser que le paradis puisse se trouver au Tibet – éventualité que le gouvernement de Pékin serait le premier à réfuter –, pour ceux qui ont la foi, Shambhala n'est jamais bien loin, au détour du chemin peut-être…

D'après les sages hindous, l'Himalaya est fait de granit massif et, tous les mille ans, un oiseau le survole, tenant dans son bec une étole dont il effleure les sommets. Lorsque ceux-ci auront été complètement arasés, un jour du cycle cosmique se sera écoulé.

LA PLUS LONGUE CHAÎNE MONTAGNEUSE DU MONDE

La cordillère des Andes
SITUATION Amérique du Sud
LONGUEUR TOTALE 8 900 km
COORDONNÉES 10° N-50° S | 65°-80° O

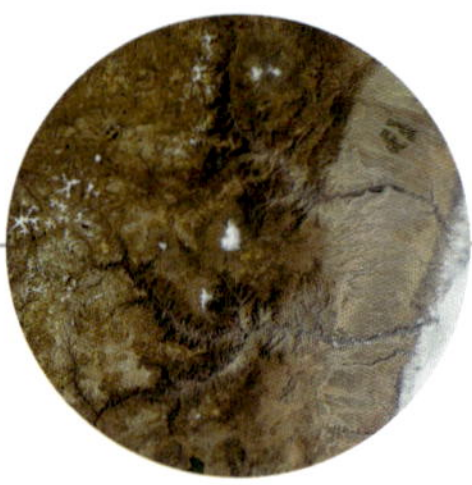

Un relief prononcé, des sommets enneigés, des plis vert émeraude… Autant de signes qui témoignent de la jeunesse des Andes, mais il faut plus que trois images pour rendre justice aux dimensions et à la variété de la plus longue chaîne de montagnes émergées. Épousant le tracé de la côte ouest de l'Amérique du Sud jusqu'à l'archipel de la Terre de Feu, la cordillère des Andes s'étend sur 8 900 km à travers sept pays d'Amérique latine, formant ainsi la colonne vertébrale du sous-continent.

Les Andes ont connu une croissance rapide, avec son lot de volcans et de séismes. Il y a environ 25 millions d'années, la plaque de Nazca, progressant vers l'est, vint se glisser sous le continent sud-américain, provoquant l'élévation du terrain et la compression des couches géologiques. La cordillère des Andes, qui ne le cède qu'à l'Himalaya par l'altitude, continue de pousser vers le haut au rythme de 30,5 cm tous les 300 ans. Son sommet le plus élevé, qui est aussi le point dominant du Nouveau Monde, est l'Aconcagua, qui culmine à 6 960 m à la frontière chilo-argentine. Le ruissellement de la cordillère Royale alimente le lac Titicaca, masse d'eau navigable de 8 290 km^2, la plus élevée du monde. Les Andes abritent enfin la source de plusieurs grands fleuves, comme l'Amazone, l'Orénoque, l'Uruguay et le Paraná.

Les records des Andes ne se limitent pas à ses sommets, ses lacs et ses fleuves. Témoin le haut et froid désert d'Atacama, au nord du Chili, qui a le triste privilège d'être l'endroit le plus sec du monde. Quant à ses plateaux et à ses vallées, ils furent le berceau de certaines des plus anciennes civilisations. On sait que c'est dans les Andes que rayonna la culture des Incas, qui ont laissé la remarquable cité de Machu Picchu, mais elle fut précédée, plus de 2 500 ans auparavant, par celle des Pukara, celle des Tiwanaku et, au cours du Ier millénaire av. J.-C., celle des Chavin.

Ajoutons enfin que, si la cordillère des Andes détient le record de longueur sur les terres émergées, la plus longue chaîne montagneuse de la planète est sous-marine, puisque la dorsale médio-océanique, qui court autour du globe depuis l'Arctique pour traverser les océans Atlantique, Indien et Pacifique, est quatre fois plus longue que les Andes, les Rocheuses et l'Himalaya réunis !

LES PLUS GRANDES MONTAGNES DU MONDE

Le Mauna Kea
SITUATION Île de Hawaii, archipel des Hawaii
HAUTEUR 9 754 m depuis le plancher océanique
COORDONNÉES 19° 49′ 25″ N | 155° 28′ 15″ O

Le Mauna Loa
SITUATION Île de Hawaii, archipel des Hawaii
DIMENSIONS 9 661 m de hauteur | 80 000 km^3 de volume | 5 271 km^2 de superficie
COORDONNÉES 19° 28′ 56″ N | 155° 36′ 18″ O

Quelle est la plus grande montagne du monde? Voilà une question piège à laquelle la plupart des gens répondent l'Everest. Il est vrai qu'avec ses 8 850 m d'altitude, le sommet de l'Everest est le point culminant de la planète. Mais les records de la montagne la plus grande et la plus volumineuse sont détenus en réalité par deux volcans sous-marins émergés, qui forment avec trois autres volcans du même type l'île de Hawaii.

Le Mauna Kea (ci-contre, au premier plan) est un volcan dormant qui mesure depuis sa base, au fond du Pacifique, 9 754 m de hauteur, dont 4 205 m au-dessus du niveau de la mer. Placé à côté de l'Everest, il le dépasserait de plus de 900 m, et son sommet serait hors d'atteinte du plus aguerri des grimpeurs. En termes de masse, l'Everest est à nouveau battu : le Mauna Loa (ci-contre, à l'arrière-plan) mesure 93 m de moins que le Mauna Kea, mais ses 80 000 km^3 en font, et de loin, la montagne la plus volumineuse du globe.

Le Mauna Loa est aussi l'un des volcans les plus actifs du monde. Après une période de grande activité, en 1881, il connut quatre éruptions – 1942, 1949, 1975 et 1984. Les coulées de lave de ses prochaines éruptions lui feront sans doute gagner quelques kilomètres cubes supplémentaires.

Le parc national des volcans de Hawaii abrite le Mauna Loa et le Kilauea, tandis que le Mauna Kea se situe à 48 km au nord. Aucun chemin direct ne relie les deux mastodontes, et il faut traverser des paysages aussi variés qu'un désert, une forêt tropicale et un volcan en activité pour passer de l'un à l'autre.

Les montagnes sont les seuls monuments qui ne se dégradent pas.

Nathaniel Hawthorne

LA PLUS HAUTE MONTAGNE ISOLÉE DU MONDE

Le Kilimandjaro
SITUATION Tanzanie
ALTITUDE 5 895 m
COORDONNÉES 3° 05′ S | 37° 21′ E

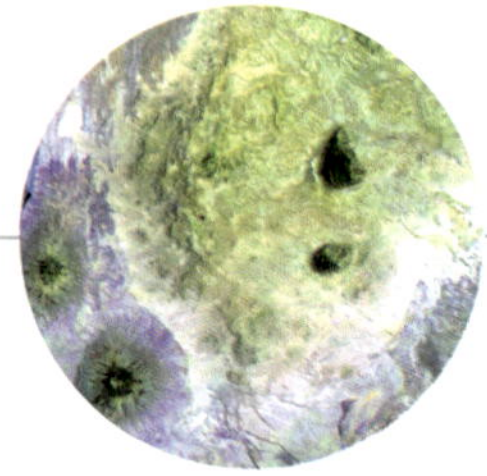

Les images classiques du mont Kilimandjaro présentent toujours, au premier plan, des bergers massaï parcourant la savane, près du parc national d'Amboseli, en Tanzanie. Derrière eux, l'immense plaine est dominée par un massif au sommet enneigé d'une beauté incontestable. Le Kilimandjaro est le plus haut sommet d'Afrique et la plus haute montagne isolée du monde. Au nord-est de la Tanzanie, à 3° au sud de l'équateur, il est le plus grand d'une chaîne d'une vingtaine de volcans située dans la branche est de la Rift Valley, en Afrique orientale. Composé de trois masses volcaniques, le Kilimandjaro s'est éteint récemment et ne se manifeste plus que par des fumerolles et des dépôts de soufre. Les Africains l'appellent *Oldoinyo Oibor* – « montagne blanche » en langue massaï – ou *Kilima Njaro* – « montagne brillante » en swahili –, mais si vous faites un jour l'ascension de son sommet, le pic Uhuru, à 5 895 m, retenez plutôt cet autre mot de swahili : *polepole*, qui veut dire « lentement ».

Le Kilimandjaro est peut-être le plus facile des sept sommets les plus escaladés au monde, mais l'ascension n'en est pas moins éreintante. Après avoir passé d'anciens glaciers aux reflets bleuâtres et une épaisse couche de nuages, vous parviendrez sur le toit du continent africain. Même la douceur apparente de ses pentes a une limite : le dernier tiers de l'ascension se fait à pic, avec un vent violent et sous un soleil brûlant. Il faut compter généralement six jours pour faire l'ascension du Kilimandjaro, et deux pour la descente. Mais la vue qu'on a du sommet vaut toutes les épreuves. Les cratères de toutes tailles, froids et rocheux, abondent, et le sol y semble à la fois vieux et récent.

Le plateau des Guyanes

SITUATION À la frontière du Venezuela et du Brésil
COORDONNÉES 23° 15' 00" S | 49° 30' 00" O

Les tepuis sont de larges blocs rocheux au sommet aplati et aux parois abruptes qui dominent les savanes arides et les forêts du Venezuela. Pour les botanistes, les tepuis constituent de fragiles écosystèmes où se développent des orchidées, des lichens, des fougères, des plantes grasses et des millions d'autres espèces tropicales qui n'ont pas toutes été répertoriées.

Plus de cent tepuis émaillent le plateau des Guyanes, qui s'étend à la frontière du Brésil, du Venezuela et de la Guyana. À mesure que l'on s'élève et que l'on passe de la base au sommet d'un tepui, la végétation évolue. Au sommet, le sol pauvre, aride ou marécageux, ne semble guère promis à une grande biodiversité. Mais il n'en est rien, et des singes, des paresseux, des belettes, des jaguars, des pumas, des chauves-souris, des serpents, des iguanes et des oiseaux par milliers rappellent aux grimpeurs la grande richesse de la faune qui y vit.

Le plateau des Guyanes sur lequel reposent les tepuis est un socle granitique formé il y a plus de 1 milliard d'années. Avec le temps, celui-ci s'est recouvert de sable, qui s'est tassé en formant des couches de grès de plusieurs kilomètres d'épaisseur. Lorsque les continents sud-américain et africain se séparèrent, il y a 135 millions d'années, le plateau des Guyanes se fissura, et les brèches s'élargirent avec l'érosion. C'est ainsi que se formèrent les tepuis, vestiges de l'une des plus anciennes formations géologiques d'Amérique du Sud.

« Comment pourrais-je jamais oublier le mystère et la solennité de l'endroit ? La hauteur des arbres et la largeur des troncs… L'éclat des orchidées et le chatoiement des lichens… C'est comme si j'avais rêvé d'un pays fabuleux. »

Description d'un tepui par sir Arthur Conan Doyle dans *Le Monde perdu*

LES À-PICS ROCHEUX LES PLUS SPECTACULAIRES DU MONDE

***El Capitan*, parc national de Yosemite, Californie, États-Unis**
COORDONNÉES 37° 52' 00" N | 119° 24' 00" O

La *Devil's Tower*, Wyoming, États-Unis
COORDONNÉES 44° 35' 21" N | 104° 41' 46" O

Le *Trollrygen*, province de Romsdal, Norvège
COORDONNÉES 62° 40' 00" N | 07° 50' 00" E

Le *Thumbnail*, fjord de Torssukatak, Groenland
COORDONNÉES 69° 58' 00" N | 51° 05' 00" O

La Devil's Tower – « tour du Diable » – est un monolithe vertical qui domine de 264 m les méandres de la Belle Fourche River, dans le Wyoming, et forme une impressionnante terrasse aux parois perpendiculaires évoquant un tronc d'arbre pétrifié. Pour les scientifiques, la Devil's Tower se serait créée lorsque la lave emplissant la cheminée d'un volcan se refroidit et durcit, formant une dense colonne de basalte. Après des millions d'années d'érosion, le volcan disparut, et le vent et la pluie sculptèrent les faces de la colonne. Ce monolithe est un lieu sacré pour de nombreux Indiens des Grandes Plaines, qui l'appellent de plusieurs noms, notamment *Mateo Tepee* – « tanière de l'ours ». La légende veut qu'un ours féroce ait contraint les habitants des environs à se réfugier sur un rocher, qui se serait élevé de façon miraculeuse pour les mettre hors d'atteinte des griffes de l'animal.

Dans le parc national de Yosemite, en Californie, El Capitan (ci-contre) est le plus grand monolithe de granit du monde. Il s'élève à près de 1 000 m au-dessus du fond de la vallée et attire les grimpeurs confirmés par centaines. Défi plus éloigné et plus tentant encore, le Thumbernail – « ongle du pouce » – est la plus haute falaise marine. Son sommet, qui culmine à 1 500 m au-dessus du fjord de Torssukatak, sur la pointe sud du Groenland, domine les nuages. Une autre paroi gigantesque s'élève près de la petite ville d'Andelsnes, nichée dans un fjord norvégien. Cette immense falaise de gneiss de plus de 1 100 m d'altitude est couronnée de flèches et de pinacles, qui lui ont valu son nom de *Trollrygen* – « mur des trolls ». Selon la légende, les trolls qui peuplaient les montagnes du littoral (et y vivent encore, pour certains) furent pétrifiés à tout jamais pour expier leurs péchés.

LES PLUS HAUTES MONTAGNES DU MONDE

1 L'EVEREST
SITUATION Himalaya, Népal/Tibet | **ALTITUDE** 8 850 m

2 LE K2
SITUATION Karakorum, Pakistan/Chine | **ALTITUDE** 8 611 m

3 LE KANGCHENJUNGA
SITUATION Himalaya, Inde/Népal | **ALTITUDE** 8 586 m

4 LE LHOTSE I
SITUATION Himalaya, Népal/Tibet | **ALTITUDE** 8 516 m

5 LE MAKALU I
SITUATION Himalaya, Népal/Tibet | **ALTITUDE** 8 463 m

6 LE CHO OYU
SITUATION Himalaya, Népal/Tibet | **ALTITUDE** 8 201 m

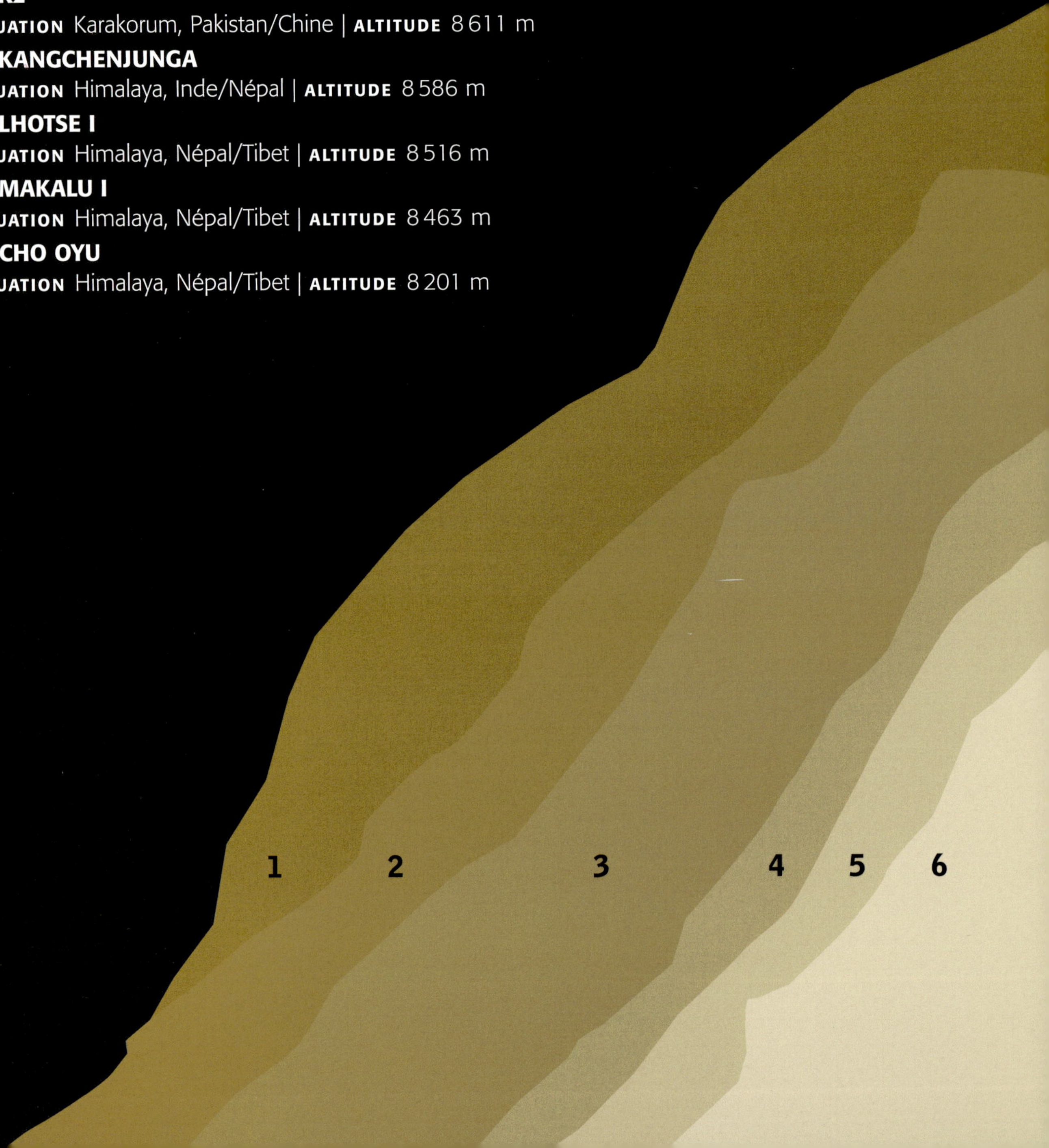

LE PLUS BEAU MONOLITHE DU MONDE

L'Uluru

SITUATION Territoire du Nord, Australie

COORDONNÉES 25° 20' 00" S | 131° 00' 00" E

L'histoire que l'on raconte aux touristes et que l'on enseigne aux écoliers, c'est que l'Uluru – appelé aussi Ayers Rock – est le plus grand monolithe du monde. L'Uluru serait donc un caillou géant posé sur le sable du désert, ou partiellement enterré. Mais les géologues ne sont pas de cet avis.

L'explorateur W. Gosse, qui aperçut l'Uluru le 19 juillet 1873, écrit : « À mesure que j'approchais, la colline prenait une apparence des plus curieuses, car sa partie supérieure semblait criblée de trous. Ayant dépassé les dunes de sable, à peine à 3 km de là, je découvris pour la première fois la colline dans sa totalité. Quelle ne fut pas ma surprise de constater qu'il s'agissait d'un seul et immense monolithe s'élevant à pic sur la plaine ! Les trous que j'avais remarqués étaient dus à l'eau et formaient par endroits d'immenses grottes. » L'Uluru a de quoi impressionner, en effet, avec ses 300 m d'altitude et ses 8 km de circonférence. Gosse le baptisa Ayers Rock en l'honneur de sir Henry Ayers, Premier ministre d'Australie du Sud de l'époque.

L'Uluru – dont le nom signifie « mère de la Terre » – est composé de sable et de gravier, déposés il y a quelque 550 millions d'années. La légende veut qu'il eût été façonné par deux jeunes garçons dans un sol rendu meuble par des pluies abondantes et que les trous, sillons et anfractuosités de la roche seraient les témoins des combats que se livrèrent les ancêtres animaux. D'un point de vue plus réaliste, l'Uluru s'est formé il y a de 300 à 400 millions d'années, lorsque le bloc continental sur lequel il repose entra en collision avec d'autres continents, provoquant plissements, soulèvements et failles. Ce choc lent et puissant compressa les sédiments, qui débordèrent latéralement, et les zones surélevées furent soumises à l'érosion au cours des 100 millions d'années qui suivirent. Il y a 65 millions d'années environ, le climat devint plus humide et les sédiments charriés par les cours d'eau vinrent combler les vallées séparant l'Uluru, les monts Olgas et le mont Connor, aplanissant ainsi le paysage. Depuis, peu de choses se passèrent du point de vue géologique si ce n'est la poursuite de l'érosion.

L'Uluru n'est ni le plus grand monolithe du monde – record détenu par le mont Augustus, en Australie-Occidentale –, ni un rocher isolé, à moitié enterré dans le sable rouge du désert. Il représente, en fait, avec les monts Olga et le mont Connor, plus méconnu, la partie apparente d'une formation rocheuse souterraine, qui s'étend sur une centaine de kilomètres et peut atteindre par endroits 5 000 m d'épaisseur.

Karl S. Kruszelnicki

Selon une légende aborigène, l'Uluru fut d'abord une colline de sable aplatie creusée au centre par un cratère empli d'eau. Une tribu d'hommes-serpents s'y installa, y trouvant la nourriture et de l'eau en abondance. Un jour, la colline et la tribu qui y

vivait furent changées en pierres. Les rochers représentant les femmes pétrifiées sont regroupés dans une gorge, tandis que les hommes, qui dormaient au moment de la métamorphose, sont dispersés dans la plaine en contrebas.

LE PLUS GRAND MONOLITHE DU MONDE

Le mont Augustus
SITUATION Australie-Occidentale
COORDONNÉES 24° 20′ 00″ S | 116° 53′ 00″ E

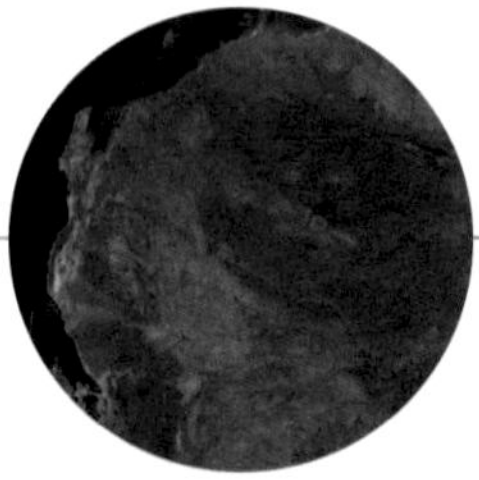

Le mont Augustus, qui domine de 858 m la plaine australienne, est 2,5 fois plus grand que l'Uluru. Mais, à la différence de son cousin, plus célèbre car plus spectaculaire avec ses superbes reflets dorés, le mont Augustus est couvert de végétation, ce qui lui donne une apparence plus traditionnelle. Ce monolithe est pourtant extraordinaire sur bien des plans : sa crête centrale mesure près de 8 km de long, et l'on estime à 1 milliard d'années l'âge de sa roche. Le mont Augustus résulte de l'élévation et du plissement d'un ancien fond marin et, lorsque la mer se retira au bout de quelques centaines de millions d'années, elle mit au jour cette structure monoclinale en grès. L'enveloppe externe de l'Uluru est dure et compacte, ce qui a laissé au massif de grès sa forme originale, tandis que celle du mont Augustus s'est effritée, et le massif descend en pente douce jusqu'au socle. Le mont doit son nom à sir Augustus Charles Gregory, le frère de Francis Gregory qui, en 1858, fut le premier Européen à en faire l'ascension.

« On trouve dans la cosmogonie aborigène des êtres de légende totémiques qui parcouraient le continent au Temps des rêves, chantant le nom de tout ce qu'ils croisaient en chemin : oiseaux, animaux, végétaux, minéraux, points d'eau. C'est de leur chant que l'univers tira son existence. »

Bruce Chatwin, *Le Chant des pistes*

LE PLUS GRAND DÉSERT CHAUD DU MONDE

Le Sahara
SITUATION Afrique du Nord
ÉTENDUE 9 065 000 km^2
COORDONNÉES 15°-30° N | 15° O-35° E

Le nom Sahara vient de l'arabe *sahra'*, qui signifie « désert ». C'est l'une des rares données sûres que l'on possède sur cette formidable étendue de plaines caillouteuses, de sable et de dunes couvrant en Afrique du Nord un territoire supérieur à l'Europe.

Bien que le Sahara soit couvert de sable sur moins d'un quart de sa superficie, l'image indissociable de cet écosystème est celle des dunes du Sud, qui dominent le paysage et dont la plus haute culmine à plus de 150 m. L'un des phénomènes mystérieux associés au désert est le « chant des dunes », une sorte de mugissement, à mi-chemin entre le sifflement et la mélodie, émis par certaines d'entre elles. Les scientifiques pensent que le phénomène est dû à la forme ou à la conductivité des cristaux de quartz, mais le mystère reste entier. Contrairement à l'image d'Épinal, le Sahara comprend aussi des bassins peu profonds, inondés à certaines saisons, de grandes dépressions contenant des oasis, des plateaux rocailleux, les regs, et même des montagnes abruptes. Le sommet du Sahara est l'Emi Koussi, dans le massif du Tibesti, au Tchad, qui culmine à 3 417 m. Son point le plus bas est la dépression de Qattara, en Égypte, qui se situe à 133 m au-dessous du niveau de la mer.

Les zones désertiques qui occupent le nord du continent africain sont marquées par la rudesse du climat. À certains endroits, les précipitations sont quasi nulles pendant des années, puis la pluie peut soudain tomber à verse : on court plus de risques de se noyer dans le Sahara que sous des climats plus humides ! La végétation est pauvre, les vents sont forts et constants et les amplitudes thermiques très grandes.

Les géologues sont aujourd'hui persuadés que le Sahara a connu une série de périodes humides, la dernière s'étant produite il y a entre 5 000 et 10 000 ans. Mais, depuis, le Sahara est resté aride. Il compte aujourd'hui quelque 2 millions d'habitants, hors vallée du Nil. Les principales ethnies sont les Berbères, les Tebou et les Touareg. Le voyage par voie de terre jusqu'à Tombouctou, au Mali, a acquis une dimension mythique. Synonyme de bout du monde, la ville de Tombouctou doit son mystère au fait qu'avant 1828 aucun Européen n'en était revenu vivant.

« J'ai dormi sous des tentes noires, sous des bleues, sous des tentes en peau, sous des yourtes en feutre et sous des paravents de ronces. Pris une nuit dans une tempête de sable, au Sahara occidental, je compris le sens du mot prêté à Mahomet : 'Tout voyage est un séjour en Enfer'. »

Bruce Chatwin

Les dunes de sable évoquent les courbes sensuelles du corps humain, mais sont aussi traîtres et inhospitalières. Sculptures fluides qui se font et se défont sans cesse, les dunes sont présentes dans les déserts, au fond des océans – et même sur Mars. Dans *Les Sept Piliers de la Sagesse*, T. E. Lawrence exprime son soulagement de se retrouver dans les dunes après une longue

traversée du désert : « Le sol fut plat et monotone jusqu'à cinq heures, lorsque nous aperçûmes au loin de petits monticules. Peu de temps après, nous nous trouvions relativement tranquilles parmi les collines de sable parsemées de tamaris. » Les Touareg du Maroc affirment que, lorsque tombe le vent du désert, le silence est tel que l'on entend la Terre tourner.

LA PLUS GRANDE ÉTENDUE DE SABLE DU MONDE

Le Rub' al-Khali

SITUATION Sud de l'Arabie saoudite
ÉTENDUE 582 750 km^2
COORDONNÉES 19°-21° N | 45°-54° E

À l'infini, des dunes de sable brûlant traversées par des caravanes sous un soleil de plomb : cette image d'Épinal du « désert » a ses racines dans le Rub' al-Khali – littéralement « le quartier vide » –, cette immensité de sable qui s'étend à perte de vue sur un tiers des quelque 1,6 million de km^2 occupés par les déserts de la péninsule arabique.

Si les plaines caillouteuses, les sommets rocailleux et les dunes de sable du désert d'Arabie alimentent notre imagination – pensez à Laurence d'Arabie –, le sol ne produit qu'une végétation réduite au minimum. Les conditions de vie sont rudes. Le vent incessant a vite fait de tourner à la tempête de sable et la chaleur écrasante du soleil laisse place, dès la nuit tombée, à un froid glacial.

Le désert d'Arabie est peu peuplé, mais il y a des milliers d'années que Bédouins et autres peuples nomades ont appris à survivre dans cet environnement hostile. Des archéologues de l'université de Calgary ont récemment exhumé au Yémen un temple datant de 3 000 ans, découvrant un nouveau pan des antiques civilisations du sud de l'Arabie. Cette découverte pourrait se révéler tout aussi importante que celle des ruines de Pompéi, des pyramides de Gizeh ou de l'Acropole d'Athènes. Dédié à la divinité de la Lune, ce temple, enterré sous les sables du sud de la péninsule arabique, le Mahram Bilqis, aurait servi tout au long du règne de la légendaire reine de Saba. Selon un archéologue, « le royaume de Saba fut à plus d'un titre le berceau de la civilisation arabe, et le Mahram Bilqis fut au cœur même de ce royaume. Il peut être considéré comme la huitième merveille du monde. »

« Qu'un nuage se forme pour tomber en pluie et les hommes vivent ; qu'il se dissipe sans pluie et les hommes meurent avec leur bétail. Les déserts du sud de l'Arabie ne connaissent ni saisons, ni montée ni descente de sève. Rien qu'une immensité vide où seuls les changements de température marquent le passage des ans. »

Wilfred Thesiger, ***Le Désert des déserts*****, 1959**

LE PLUS VIEUX DÉSERT DU MONDE

Le désert du Namib

SITUATION Namibie, Afrique australe

ÂGE 55 millions d'années

COORDONNÉES 18°-30° S | 13°-18° E

En langue nama, *Namib* signifie « l'endroit où il n'y a rien », mais, pour quiconque a visité cette immense bande de sable à l'indéniable beauté, l'appellation est trompeuse. Le désert du Namib s'étire sur 2 000 km le long de la majeure partie de la côte namibienne et va se fondre dans le désert du Kalahari, sur le plateau dominant le Grand Escarpement. Les sables qui le composent ont au moins 55 millions d'années, ce qui en fait le plus ancien désert au monde. Leur couleur varie du gris-jaune le long de la côte atlantique au rouge brique dans les terres. Les dunes sont émaillées de cuvettes asséchées, et les plus spectaculaires, comme celles de Sossusvlei, peuvent atteindre plus de 300 m de haut et s'étendre sur 15 à 30 km. Elles sont souvent désignées du nom de « dunes étoiles », allusion aux fins halos de sable s'élevant à leur sommet sous l'effet des vents multidirectionnels.

Le Namib est aussi l'un des endroits les plus secs de la surface du globe, comme on pourra s'en convaincre en visitant la côte des Squelettes, qui doit son nom aux malheureux marins qui n'échappèrent au naufrage que pour mourir dans le désert. Mais la vie n'est pas absente du Namib : son sous-sol est traversé de cours d'eau, et *Welwitschia mirabilis*, une plante insolite aux feuilles enchevêtrées, parvient à y vivre plus de mille ans.

Les dunes de sable ne représentent que 12 % de la surface totale des déserts mais méritent néanmoins une grande attention, surtout quand elles se déplacent. Par vent fort, une dune peut avancer de 15 m par an mais, en général, les barkhanes ne se déplacent que de 3 m par an. Il est impossible de maîtriser l'avance des dunes, et les habitants de l'ancienne ville diamantaire de Kolmanskop, en Namibie, en firent l'amère expérience. De 1911 à 1914, on y découvrit 5 millions de carats (soit environ une tonne) de diamants. Mais de graves problèmes d'eau et les incessantes bourrasques venant du désert chassèrent les mineurs vers des horizons plus cléments, et Kolmanskop sombra lentement dans le sable et l'oubli. La cité opulente d'hier est aujourd'hui devenue une ville fantôme.

LES PLUS LONGUES DUNES DE SABLE DU MONDE

Le désert de Simpson

SITUATION Centre de l'Australie
ÉTENDUE 130 000 km² avec des dunes de 200 km de long
COORDONNÉES 23°-28° S | 135°-140° E

Les dunes apparaissent lorsque le sable entraîné par le vent s'accumule sur un obstacle – un lieu boisé, un groupe de rochers ou même une maison –, formant un monticule dont la taille et la forme sont déterminées par la force et la direction du vent. Les dunes du désert de Simpson, qui s'étend sur 130 000 km² au centre de l'Australie, peuvent atteindre 200 km de long.

Hérissées de dunes de sable, parsemées de mulgas (sortes d'acacias buissonnants) rabougris et clairsemés, de buttes gazonnées et de lacs salés asséchés, les étendues désertiques de la réserve du désert de Simpson attirent les visiteurs, mais les températures diurnes – à peine tempérées par la saison des pluies – y sont implacables. La région était autrefois peuplée de quelques tribus aborigènes, concentrées autour des cours d'eau aux frontières du désert. On peut encore voir certains de leurs puits et de leurs abris de pierres dans le désert. Le premier peuplement européen remonte à 150 ans environ.

La beauté du désert de Simpson vient de ses nombreux sillons parallèles de sable rouge. Il y a des centaines de milliers d'années, le bassin était alternativement couvert d'eau douce et d'eau de mer. Il y a environ 40 000 ans, lorsque le centre de l'Australie s'assécha, les couches de sable superficielles s'accumulèrent dans l'immense dépression du lac Eyre. Les vents donnèrent naissance à des dunes longitudinales et parallèles, qui atteignent 20 m de haut en moyenne et dont la couleur oscille entre le blanc jaunâtre (près des cours d'eau) et le rouge (dû à la présence d'oxyde de fer). Le reste de ce paysage aride est fait d'argile, de salants et de plaines.

Malgré des précipitations annuelles moyennes inférieures à 200 mm, la vie existe dans les dunes du désert de Simpson : l'herbe porc-épic (spinifex) et l'herbe canne sont suffisamment robustes pour s'enraciner le long de leurs crêtes. Quant aux pois du désert (fleurs de l'oiseau de Cunningham), ils profitent de la moindre pluie, toujours à la même époque, pour fleurir

LES PLUS GRANDS DÉSERTS DU MONDE

1 LE DÉSERT DU SAHARA
SITUATION Afrique du Nord | **SUPERFICIE** 9 065 000 km²

2 LE DÉSERT D'AUSTRALIE
SITUATION Australie | **SUPERFICIE** 1 371 000 km²

3 LE DÉSERT D'ARABIE
SITUATION Asie du Sud-Ouest | **SUPERFICIE** 2 300 000 km²

4 LE DÉSERT DE GOBI
SITUATION Asie centrale | **SUPERFICIE** 1 300 000 km²

5 LE DÉSERT DU KALAHARI
SITUATION Afrique australe | **SUPERFICIE** 259 000 km²

2

LES PLUS GRANDES DUNES DE GYPSE DU MONDE

Les White Sands

SITUATION Nouveau-Mexique, États-Unis
COORDONNÉES 32° 36' 17" N | 106° 30' 07" O

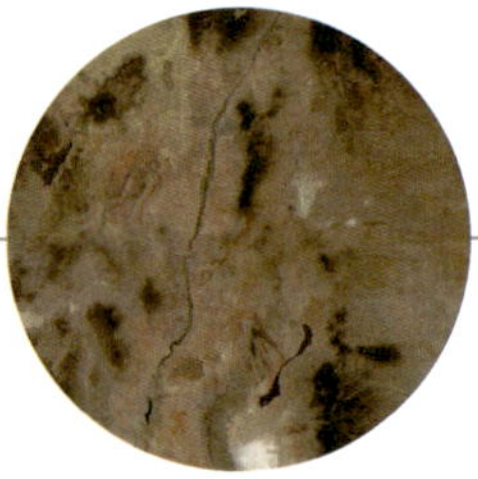

Au centre du bassin de Tularosa, vallée cernée de montagnes située à l'extrémité nord du désert de Chihuahua, se dresse un amas aveuglant de poudre blanche culminant à 18 m, les White Sands – « sables blancs ». Ce monticule scintillant qui s'étend sur 700 km^2 constitue le plus grand champ de dunes de gypse du monde.

Le gypse des White Sands provient des hauteurs de San Andres et de Sacramento. Avec le temps, la pluie et la neige ont dissous le sulfate de calcium contenu dans les roches pour le redéposer dans le bassin de Tularosa. À mesure que celui-ci s'assécha, le gypse cristallisa en petits agrégats grenus. Le vent souleva ces grains pour former d'immenses dunes poudreuses et étincelantes. Alors que le sable – notamment celui que l'on trouve dans le Sahara – est souvent composé de quartz, minéral dur et dense, le gypse est tendre et léger, ce qui en fait un matériau idéal pour la luge d'été ! Comme les dunes de sable, les dunes de gypse sont mouvantes. Poussé par les forts vents de sud-ouest, le gypse s'accumule au sommet des dunes jusqu'à tomber de l'autre côté sous l'effet de la gravité : c'est ainsi que les dunes avancent. Les faces exposées au vent sont en pente douce et présentent souvent un relief en tôle ondulée.

Les White Sands comportent quatre types de dunes : les barkhanes, en forme de croissant, qui naissent dans les endroits venteux mais où les dépôts de gypse sont peu abondants ; les dunes transverses, qui forment de longues crêtes ; les dunes paraboliques, qui s'accumulent en bordure des champs de dunes ; les dunes en dôme, en forme de monticules qui se déplacent très rapidement, jusqu'à 10 m par an.

Capable de satisfaire tous les caprices d'un artiste, le gypse est un matériau très malléable comme en témoignent ces sillons, pareils à des empreintes digitales géantes, sculptés par le vent sur cette dune blanche du Nouveau-Mexique. Appelé « plâtre de Paris », le gypse du Bassin parisien fit le bonheur des sculpteurs pendant des siècles.

LA PLUS GRANDE ÎLE DE SABLE DU MONDE

L'île Fraser

SITUATION Queensland, Australie
ÉTENDUE 171 km^2
COORDONNÉES 25° 15' 00" S | 153° 10' 00" E

L'île Fraser s'est créée *ex nihilo* pendant l'ère glaciaire sous l'action des vents. Ceux-ci soulevèrent en Nouvelle-Galles du Sud des quantités considérables de sable qui se redéposèrent le long du littoral du Queensland, formant ainsi la plus grande île de sable du monde. Site inscrit au patrimoine mondial, l'île Fraser – appelée aussi Grande Île de sable – abrite également des écosystèmes très variés : plages de sable à rouleaux, mangroves, forêt tropicale humide, brousse côtière, lande, dunes de sable, sans oublier une quarantaine de lacs – dont la moitié des lacs d'eau douce perchés au sommet des dunes qui existent de par le monde. On y trouve plusieurs espèces de pins et de palmiers, la fougère angioptère (l'une des plus grandes au monde), et quelque deux cents oiseaux, wallabies, dingos, serpents, opossums, tortues marines et roussettes y cohabitent.

L'exploitation du sable et du bois a longtemps mis ce fragile écosystème en péril. Mais des campagnes de préservation locales ont réussi à minimiser l'impact délétère de ces activités industrielles.

LES PLAGES LES PLUS COLORÉES DU MONDE

Les plages des îles Hawaii

SITUATION Archipel d'Hawaii, États-Unis

Plage de sable noir de Punalu'u, île d'Oahu : 21° 35′ N | 157° 54′ O
Plage de sable rouge de Hana, île de Maui : 20° 46′ N | 155° 59′ O
Plage de sable blanc de Polihale, île de Kauai : 22° 00′ N | 159° 41′ O
Plage de sable vert de Papakolea, île d'Hawaii : 18° 54′ N | 155° 41′ O

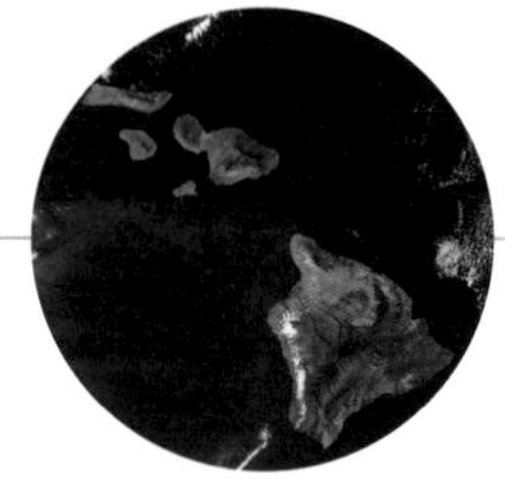

Les plages de la mer des Caraïbes sont faites de débris de coquillages et de coraux. Ces plages, qui tirent leur couleur des ingrédients de base fournis par les récifs tout proches, sont généralement faites d'un sable monochrome, et celles des Bermudes sont célèbres pour leur couleur rose. En revanche, celles qui ceignent l'archipel d'Hawaii offrent des contrastes surprenants.

Comme d'autres sites volcaniques actifs, ces îles sont connues pour leurs plages de sable noir, qui se forment lorsque les grains de verre noir issus de la lave s'accumulent sous l'effet des vagues et des courants. La plage de sable noir de Punalu'u, dans le district de Kau, est située au bord d'un delta de lave né avec l'éruption du Puna.

La plus longue étendue de sable blanc de l'archipel est la plage de Polihale, sur l'île de Kauai, qui s'étend sur 27 km et dont les dunes peuvent atteindre 30 m de haut. Comme ses cousines des Caraïbes, elle est principalement composée de débris de coquillages et de coraux, avec une fine couche de cendres volcaniques. Exposée de plein fouet à l'océan et à de forts courants, elle subit régulièrement le pilonnage des déferlantes.

Le sable de la petite plage en forme de croissant située près de Hana, sur l'île de Maui, est presque entièrement composé de particules rouges finement broyées, vestiges d'un ancien cône de scories placé sous le vent d'une cheminée de lave. La plage elle-même, située dans la caldeira, ou cratère d'effondrement du cône, est bordée par un haut à-pic.

Mais la plus spectaculaire de toutes est la plage de sable vert de Papakolea, près de Ka Lae, au sud de l'île d'Hawaii, au pied du Pu'u Mahana. Phénomène géologique exceptionnel, cette plage résulte de l'érosion de cristaux d'olivine issus d'un cône de scories proche du littoral. Le ressac de l'océan éroda le cône et y creusa une petite anse. Les vagues qui baignent cette anse entraînent au large les grains de sable issus des cendres volcaniques, plus légers, tandis que les cristaux d'olivine, plus denses, se redéposent.

L'île de Maui, où se situe cette plage de sable rouge, doit son nom au demi-dieu qui parvint à repêcher l'île du fond de l'océan à l'aide de son hameçon magique.

Le Pu'u Mahana est un cône de scories de 24 m de hauteur ouvert sur la mer. Le sable de la plage formée à la base est vert foncé tandis que la roche des parois est rouge.

LE PLUS GRAND CANYON DU NOUVEAU MONDE

Le Grand Canyon du Colorado

SITUATION Arizona, États-Unis

DIMENSIONS 446 km de longueur | 16 km de largeur moyenne | 1 600 m de profondeur

COORDONNÉES 36°-37° N | 111°-114° O

Sans doute le plus célèbre des canyons, le Grand Canyon du Colorado est aussi l'un des plus vieux. La plus ancienne de ses strates rocheuses, le schiste Vishnu, date d'environ 1,7 milliard d'années, et les sédiments couvrent 320 millions d'années. Outre sa taille, le Grand Canyon est remarquable par l'aperçu qu'il offre sur l'histoire de l'évolution de notre planète. Sa paroi garde la mémoire des mers, des cours d'eau et des vents sous forme d'une « tranche de gâteau » à dix couches, taillée depuis 6 millions d'années par le fleuve Colorado, qui accuse, avec ses quelque deux cents rapides, 670 m de dénivelé dans sa course folle vers le golfe de Californie. En creusant le calcaire, le grès et le schiste, ce fleuve a mis au jour des indices géologiques, mais aussi des trésors d'histoire naturelle sous forme de fossiles d'invertébrés marins (éponges, crinoïdes, coraux), qui nous renseignent sur les origines de la vie.

Le géologue Clarence Dutton, qui étudia le Grand Canyon de 1875 à 1881 et baptisa un grand nombre de ses sites, fut impressionné par l'abondance et la diversité de ses formations rocheuses : « N'importe laquelle de ces buttes, isolée dans une plaine à des kilomètres de là, serait considérée comme l'une des merveilles du monde. Ici, elles s'entassent [...]. La puissance et la grandeur du site sont indescriptibles. »

Le peuplement du Grand Canyon par les Indiens Anasazi remonte à 3 000 ans. En 1869, John Wesley Powell, vétéran manchot de la guerre de Sécession, fut le premier Occidental à descendre le Colorado. En évoquant les parois du canyon, il parle de « portes des régions infernales ». En 1903, Theodore Roosevelt déclara que le Grand Canyon était le phénomène naturel que tout Américain devait avoir vu dans sa vie et, aujourd'hui, cette gigantesque balafre qui zèbre le nord de l'Arizona est classée au patrimoine mondial et attire 14 000 visiteurs par jour. Debout sur le sommet des falaises de calcaire de Kaibab, ces derniers reçoivent des embruns dorés dus aux oxydes de fer contenus dans les sédiments du canyon, autre trait inoubliable du site.

Située dans le parc national de Paria, à une quarantaine de kilomètres du Grand Canyon, cette vallée calcaire aux parois travaillées

par l'évolution géologique, érodées par les cours d'eau et polies par les glaciers, offre une palette extraordinaire de couleurs

LE PLUS GRAND CANYON DU MONDE

Le canyon du Yarlung Tsang-po
SITUATION Himalaya tibétain
DIMENSIONS 496 km de longueur | 5 300 m de profondeur

La gorge de Namcha Barwa
COORDONNÉES 29° 40′ 00″ N | 95° 10′ 00″ E

Le Grand Canyon du Colorado n'est pas le plus grand canyon du monde. En 1994, l'American Geography Committee reconnut que ce titre revenait au grand canyon du fleuve Yarlung Tsang-po (le Brahmapoutre supérieur), dans l'Himalaya. Les chiffres sont formels : le canyon du Yarlung Tsang-po surpasse son cousin américain de 50 km pour la longueur et de plus de 4 000 m pour la profondeur. Son point le plus encaissé serait la gorge de Namcha Barwa, découverte et décrite par les membres d'une expédition américaine le 8 octobre 1993. Jusqu'à cette date, c'est l'une des gorges du canyon du fleuve Colca, au Pérou, explorée pour la première fois en 1981 par une équipe de spéléologues polonais, qui était considérée, avec ses 3 200 m de hauteur, comme la plus profonde du monde.

Le grand canyon du Yarlung Tsang-po vit le jour il y a 55 millions d'années, lorsque le choc des plaques tectoniques eurasienne et indienne donna naissance à l'Himalaya et au plateau tibétain. Des gorges étroites et encaissées, aux parois presque verticales, se formèrent dans les endroits où la terre fut soulevée et où les glaciers creusèrent de profondes vallées dans des roches relativement résistantes à l'érosion des cours d'eau. Comme l'accès à ces gorges comporte de nombreux risques – crues subites notamment –, les plus profondes restent en partie inexplorées.

Après avoir dévalé les montagnes et les glaciers tibétains, le Yarlung infléchit son cours pour rejoindre le Bangladesh, traversant des forêts tropicales à la faune variée – tigres, léopards, pandas et ours.

« Les roches s'effritent et changent de forme, les océans déplacent les continents, les montagnes apparaissent et disparaissent comme des fantômes. Pourtant, tout est naturel, tout est changement. »

Anne Sexton

Cette gorge de la Kali Gandaki, rivière qui doit son nom à la déesse hindoue de la Destruction, accuse, à Tatopani, un dénivelé de 6 660 m. Elle ouvre une percée entre deux des sommets les plus imposants du monde, le Dhaulagiri (8 172 m) et l'Annapurna (8 091 m), et fut, pendant des millénaires, un lien d'échange vital entre l'Inde et le lointain Tibet.

LA GROTTE LA PLUS PROFONDE DU MONDE

Le gouffre Mirolda

SITUATION Haute-Savoie, France

DIMENSIONS Site d'environ 1 km de longueur | profondeur mesurée de 1 733 m

COORDONNÉES 46° 00′ 00″ N | 06° 20′ 00″ E

Le titre de grotte la plus profonde du monde est une distinction éphémère, car les entrailles de notre globe ne cessent de gagner en profondeur sans que rien se manifeste en surface !

À la publication de cet ouvrage, le titre était détenu par le gouffre Mirolda, en Haute-Savoie, avec une profondeur de 1 733 m. Pendant des années, le titre était attribué au site autrichien de Lamprechtsofen-Verlorenen Weg Schacht, près de Salzbourg, un tortueux dédale souterrain qui a de quoi occuper les spéléologues, même les plus rapides, avec une profondeur de 1 632 m. En 2001, une équipe scientifique russo-ukrainienne entreprit l'exploration de la grotte Voronja, située dans le massif d'Arabika (Caucase géorgien), et enregistra une profondeur de 1 710 m, ce qui lui valut le titre convoité jusqu'à ce que le gouffre Mirolda s'en empare ! Des prochaines explorations de ces sites pourront peut-être leur permettre de retrouver leurs lauriers perdus.

On ne cesse de découvrir de nouvelles grottes à travers le monde. En 1986, des spéléologues qui exploraient le Misery Hole, un puits de 27 m très connu situé près du parc national de Carlsbad, au Nouveau-Mexique, s'aperçurent qu'il donnait accès à une grotte souterraine baptisée Lechuguilla. Quelque 157 km de ce « nouveau » système souterrain ont d'ores et déjà été cartographiés et, avec ses 479 m de profondeur, la grotte Lechuguilla est actuellement la grotte calcaire la plus profonde des États-Unis.

Munis de lampes et de harnais, les spéléologues s'enfoncent dans les entrailles de la Terre avec l'obsession d'atteindre le point le plus profond. La grotte de Lechuguilla (ci-dessus), au Nouveau-Mexique, peut paraître modeste face à ses rivales française, autrichienne ou géorgienne, mais les grottes ne dévoilent jamais leur profondeur dès la première rencontre

LA SALLE SOUTERRAINE LA PLUS VASTE DU MONDE

Salle du Lubang Nasib Bagus

SITUATION Parc national du Gunung Mulu, Sarawak, Malaisie
DIMENSIONS Environ 700 m de longueur | 451 m de largeur | 100 m de hauteur moyenne
COORDONNÉES 4°04′ 00″ N | 114° 56′ 00″ E

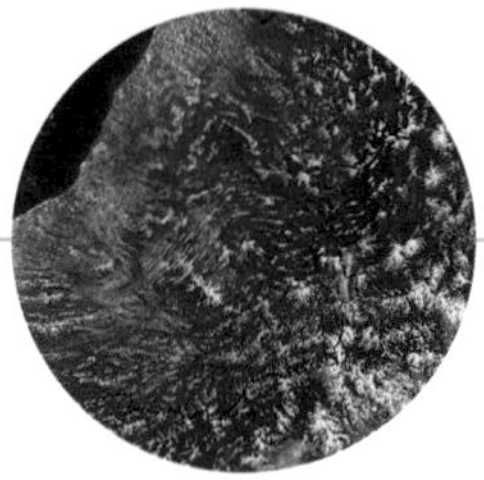

Chaque grotte est un théâtre secret et fascinant, caractérisé par sa personnalité, son décor, sa forme, son acoustique et ses odeurs. L'effet est encore plus spectaculaire qu'au théâtre, car on y accède au prix d'un long voyage à travers d'étroits boyaux de calcaire, de marbre, de dolomite ou de lave, pour déboucher dans une salle ruisselante d'eau et parfaitement obscure. Mais le voyage en vaut la peine, si l'on en croit ceux qui se sont rendus dans le parc national du Gunung Mulu, dans le nord du Sarawak malaisien, dans l'île de Bornéo. Le Gunung Mulu est une montagne qui culmine à 2 377 m et serait la montagne la plus riche en grottes du monde : celles qui ont déjà été explorées forment un réseau souterrain d'au moins 290 km, qui force l'admiration de tous les spéléologues.

Le joyau de ce monde souterrain est le Lubang Nasib Bagus – « grotte de la Bonne Fortune » –, qui renferme une salle si vaste qu'elle pourrait facilement accueillir une cathédrale gothique. Les immenses grottes du parc national de Gunung Mulu sont le résultat combiné d'un soulèvement géologique du sol calcaire tendre, qui se produisit il y a de 2 à 5 millions d'années, et de l'érosion par les cours d'eau. Les salles, tapissées de dépôts sédimentaires, communiquent par des boyaux ovales creusés par l'eau.

Le parc national de Gunung Mulu détient un autre record avec le Gua Payau – « grotte du Cerf ». Avec un diamètre oscillant entre 120 et 150 m, le Gua Payau est le plus grand passage souterrain naturel du monde.

LE PLUS LONG RÉSEAU SOUTERRAIN DU MONDE

Mammoth Cave System
SITUATION Kentucky, États-Unis
LONGUEUR Au moins 566 km
COORDONNÉES 37° 11′ 10″ N | 86° 06′ 00″ O

Le centre du monde. C'est sans doute ce que cherchait, il y a 2 000 ans, cet inconnu qu'un rocher vint plaquer contre la paroi de la grotte qui allait devenir son tombeau. En 1935, deux guides de Mammoth Cave, la grotte du Mammouth, découvrirent par hasard le corps bien conservé du malheureux. Il appartenait à un peuple qui vivait de la chasse et de la cueillette dans les forêts de l'est des États-Unis actuels.

Serpentant sous les collines et les forêts du sud du Kentucky, Mammoth Cave appartient au plus long réseau souterrain du monde. Sa longueur n'est pas connue avec exactitude mais, depuis 1799, pas moins de 566 km de passages ont déjà été explorés sur différents niveaux et cartographiés. Les premiers explorateurs se souciaient moins des dimensions du réseau que du minéral qui entre dans la composition des roches : le salpêtre était, en effet, l'ingrédient de base de la poudre à canon. Aujourd'hui, tous les spéléologues amateurs rêvent de déterminer la longueur exacte du Mammoth Cave System.

Le parc national de Mammoth Cave se caractérise par un relief raviné en surface par deux grands cours d'eau et de profondes crevasses, et hérissé de hauts promontoires rocheux. Quant au sous-sol, calcaire et poreux, il est traversé de nombreuses rivières souterraines. Pendant plus de 25 millions d'années, le flux des eaux souterraines riches en acide carbonique rongea la roche pour y creuser des entonnoirs, des grottes, des passages mais créa également, par infiltration, d'immenses formations verticales, en colonnes ou en dômes.

Ces formations calcaires – salles immenses, stalagmites, stalactites et fleurs de gypse – abritent, tout comme les lacs et les cours d'eau souterrains – aux noms évocateurs tels que Piliers d'Hercule ou Niagara gelé – une faune variée qui s'est adaptée à l'obscurité : grillons et coléoptères troglobies, chauves-souris, poissons, écrevisses, etc.

« Nous glissons aujourd'hui dans son lit déserté,
Regard de luciole à la lueur des lanternes,
Étranges visiteurs qui bientôt disparaîtront
Comme a disparu cette rivière sans nom. »

Julia Dinsmore, *Mammoth Cave*

LE PLUS GRAND RAVIN DU MONDE

Buckskin Gulch

SITUATION À la frontière de l'Utah et de l'Arizona, États-Unis
DIMENSIONS 21,6 km de longueur | 244 m de profondeur par endroits
COORDONNÉES 37° 00′ 48″ N | 111° 59′ 58″ O

Généralement, les parois d'un canyon creusé par un cours d'eau s'évasent en V, mais il arrive que l'érosion façonne des ravins – les *slot canyons* – aux parois si abruptes et si rapprochées qu'on peut les toucher toutes les deux en même temps. Buckskin Gulch, dans le canyon de la Paria – un affluent du Colorado qui traverse le parc naturel des Vermillion Cliffs, dans l'Utah –, est le ravin le plus long, le plus profond et le plus étroit du monde. Il présente la même largeur à la base et au sommet, 3 m en moyenne, mais, par endroits, il est si étroit qu'un homme a du mal à s'y glisser. Les parties les plus profondes sont plongées dans une obscurité constante, et un panneau, à l'entrée, met en garde les visiteurs : « Crues subites en toute saison. Les secours sont toujours longs à venir. »

Selon les géologues, la région aurait autrefois abrité un immense désert de dunes de sable, que le vent et la pluie auraient compactées il y a des millions d'années pour former cette roche rouge, connue sous le nom de « grès Navajo ». Des crues subites creusèrent la roche et sculptèrent les impressionnantes parois ondulantes du canyon. Ces parois, où se forment par endroits des poches d'eau stagnante, abritent une faune peu amène – crotales, tarentules, troglodytes et écureuils des rochers. On peut également y admirer des pétroglyphes dus aux Indiens Anasazi : un guerrier solitaire brandissant son arc et quelques mouflons viennent égayer ce paysage cru, rouge et éminemment désert.

LE PLUS GRAND CRATÈRE DU MONDE

Le cratère de Sudbury

SITUATION Sud de l'Ontario, Canada
DIAMÈTRE 140 km
COORDONNÉES 46° 30′ 00″ N | 80° 58′ 00″ O

Les scientifiques s'interrogèrent pendant des années pour savoir si le cratère de Sudbury était dû à l'impact d'une météorite ou à l'effondrement d'un volcan. S'il est certain que cette dépression oblongue, située dans le sud de l'Ontario et dont la formation remonterait à 2 milliards d'années, est le plus grand cratère du monde, elle continue à nous poser de nombreuses questions, tant sur ses origines que sur l'évolution de notre planète.

Le cratère de Sudbury abrite aussi l'un des plus riches gisements de cupronickel. Les géologues supposèrent d'abord que ce minerai avait surgi du manteau de la Terre sous forme d'un magma incandescent qui se serait solidifié avant de percer la surface. Mais ils s'aperçurent plus tard que sa composition chimique infirmait leur première hypothèse. On pense aujourd'hui que le cratère de Sudbury est dû à l'impact d'un objet extraterrestre de la taille du mont Everest, qui laissa derrière lui des fullerènes – molécules de carbone pur en forme de coupoles – renfermant de l'hélium : assez de matière organique pour donner naissance à la vie sur Terre. Comme quoi nous sommes bien faits de poussières d'étoiles...

Difficile d'imaginer la violence de l'impact d'une pareille bombe venue du cosmos et projetée à vive allure contre la roche. S'il avait lieu aujourd'hui, ce choc anéantirait tout – forêts, villes, populations – dans un rayon de 800 km. La chaleur extrême provoquerait l'inflammation de plusieurs milliers de kilomètres cubes de gaz volcaniques, de soufre, d'oxyde de carbone et de l'air environnant le point d'impact, riche en CO_2. L'explosion serait ressentie sur la surface entière d'un continent. Enfin, la poussière et les particules en suspension dans l'atmosphère entraîneraient aussitôt un obscurcissement du ciel et un refroidissement du climat.

Le cratère du lac Toba

SITUATION Nord de Sumatra, Indonésie
ÉTENDUE 1 160 km^2
COORDONNÉES 2° 35′ 00″ N | 98° 50′ 00″ E

Le lac Toba est le plus grand lac d'Asie du Sud-Est. Il occupe une ancienne caldeira – cône volcanique effondré –, créée à la suite d'une formidable explosion et comblée par les eaux au cours de plusieurs milliers d'années. La dernière éruption se produisit il y a 70 000 ans, et la dépression qui en résulta est le plus grand cratère volcanique inactif inondé connu à ce jour.

Situé sur la chaîne volcanique des monts Barisan, qui traverse l'île de Sumatra en diagonale, le lac Toba (double page suivante) se trouve à 910 m au-dessus du niveau de la mer. Sa rive, bordée de falaises qui plongent de plusieurs centaines de mètres dans les eaux bleu-vert du lac, est couronnée de saillies rocheuses formant un paysage grandiose à la végétation luxuriante.

L'activité volcanique de la région a donné naissance à l'île de Samosir, située au milieu du lac. Aussi étendue que Singapour, Samosir est une île bordée de falaises vertes qui entourent un plateau central planté de rizières et de palmeraies.

L'écrivain néerlandais Louis Couperus (1863-1923) tomba sous le charme de ce lac, qu'il décrit ici dans son récit de voyage, publié l'année de sa mort : « L'incroyable beauté de ce monde volcanique antique dut, par l'ampleur de ses cataclysmes, être un paradis pour les géants et les dieux. Cette nature a quelque chose de gigantesque et le lac Toba y figure comme un bijou bleu, luisant entre des parois abruptes d'un blanc de perle. »

« Un bijou bleu, luisant entre des parois abruptes d'un blanc de perle. »

Selon une légende locale, un homme qui vivait à Danau Toba pêcha un jour un poisson qui se transforma en une belle princesse. Celle-ci accepta de l'épouser, mais à condition qu'il garde à jamais le secret de ses origines. Des années plus tard,

alors qu'il grondait la fille qu'ils avaient eue ensemble pour avoir mangé son déjeuner, la colère lui fit s'exclamer : « Maudite

LES PLUS GRANDES CALDEIRAS DU MONDE

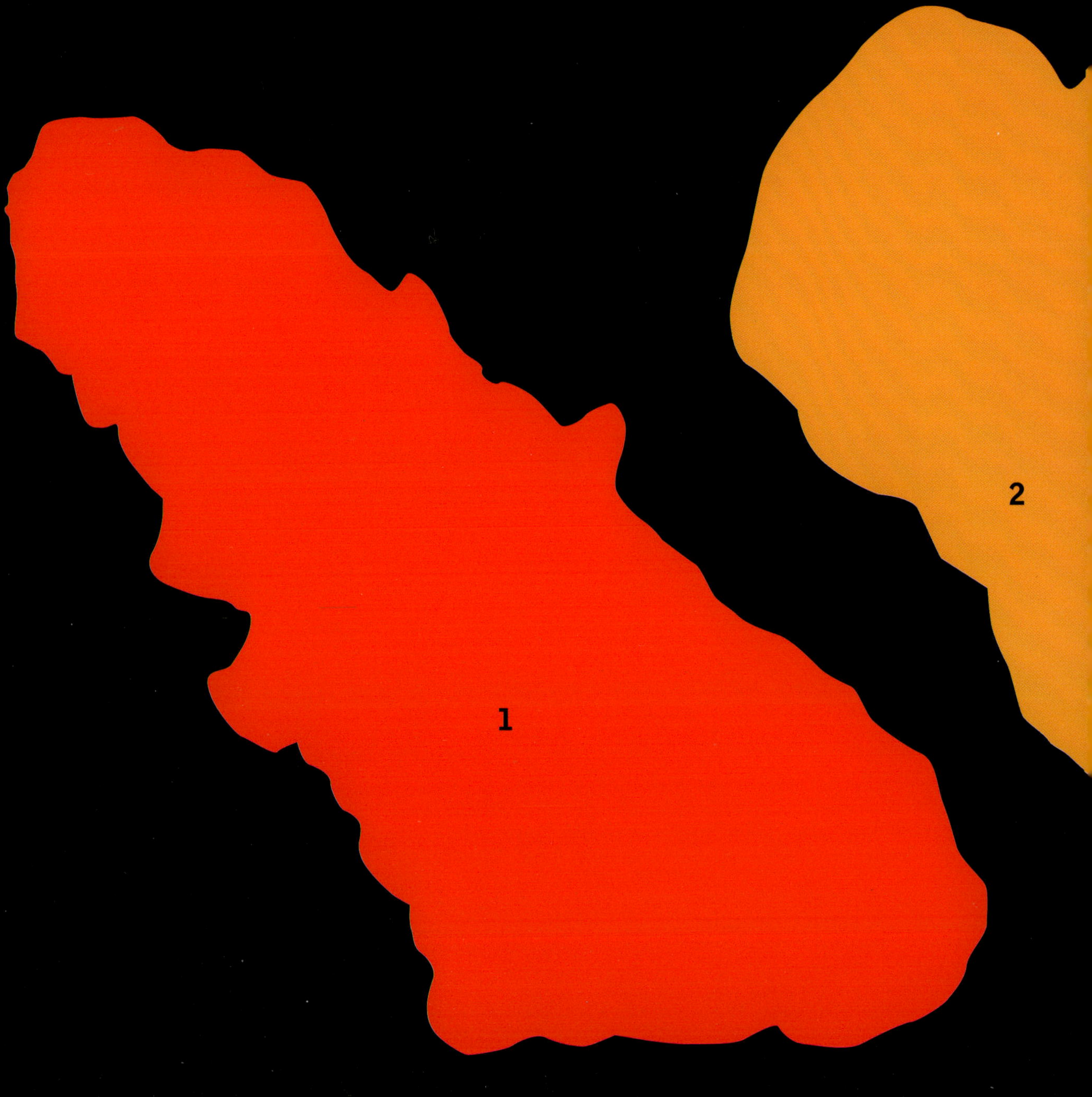

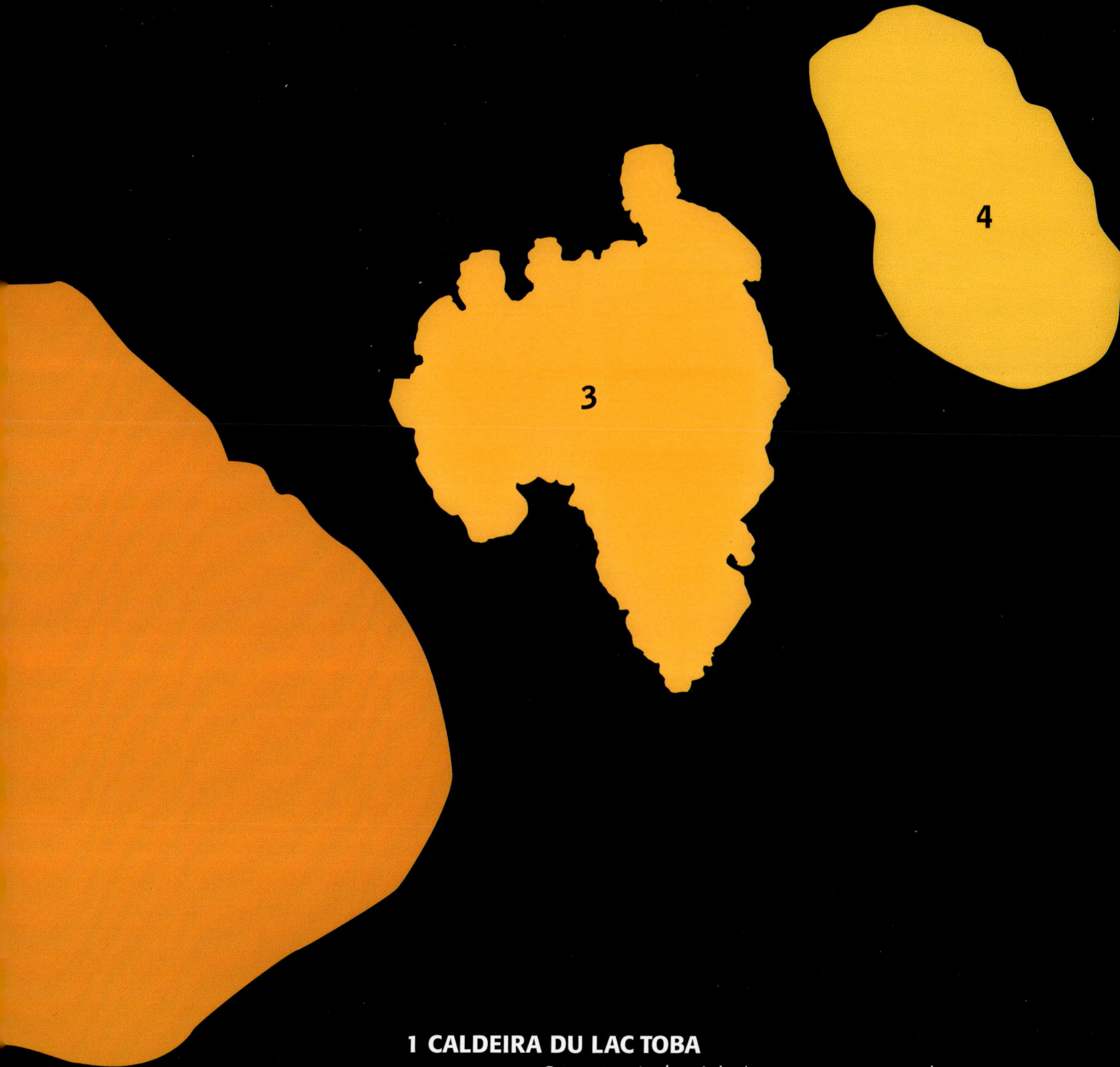

1 CALDEIRA DU LAC TOBA
SITUATION Sumatra, Indonésie | **TAILLE** 100 x 30 km
2 CALDEIRA DE YELLOWSTONE
SITUATION Wyoming, États-Unis | **TAILLE** 85 x 45 km
3 CALDEIRA DU LAC TAUPO
SITUATION Île du Nord, Nouvelle-Zélande | **TAILLE** 32 x 25 km
4 CALDEIRA DE LONG VALLEY
SITUATION Californie, États-Unis | **TAILLE** 32 x 17 km

LA PLUS GRANDE ÎLE DU MONDE

Le Groenland

SITUATION Au nord du continent américain et du cercle arctique
ÉTENDUE 2 175 600 km²
COORDONNÉES 59°-83° N | 20°-60° O

Kalaallit Nunaat – « terre des hommes » en langue inupik – désigne un pays dur et inhospitalier, disparaissant presque entièrement sous un épais manteau de glace et de neige. Près de trois fois plus grand que la Nouvelle-Guinée – deuxième plus grande île au monde –, le Groenland présente un littoral accidenté, si profondément entaillé par les fjords et les bras de mer que son contour est équivalent à la circonférence de la Terre. Le point le plus septentrional se situe à moins de 800 km du pôle Nord. Son inlandsis, dont l'épaisseur est de 1 500 m en moyenne mais peut atteindre 4 270 m par endroits, représente environ un dixième de la glace présente sur notre planète. Chaque année, les glaciers du Groenland donnent naissance à plus de dix mille icebergs.

La population du Groenland est inférieure à soixante mille habitants, dont la plupart vivent le long de la côte occidentale. Ce paysage de glace joue un rôle essentiel dans les mythes des civilisations qui se sont développées aux confins nord du monde. Les premiers Paléo-Esquimaux arrivèrent probablement il y a 5 000 ans par le Canada, et chaque culture a laissé son empreinte : celle de Thulé donna naissance au kayak, au harpon et au traîneau à chiens, toujours en usage aujourd'hui.

La colonisation de l'île remonte à 982 avec l'arrivée du Viking Erik le Rouge, qui lui donna le nom de Groenland – « pays vert ». Les sagas scandinaves ont gardé la mémoire de cette colonisation, mais ce que les Groenlandais préfèrent dans leur île, et l'image que les touristes en gardent, ce sont ses longs fjords sinueux, ses imposants glaciers, ses icebergs bleus et son soleil pâle, pointant bas à l'horizon et diffusant tout juste assez de chaleur pour embrumer le paysage arctique. La longue et froide nuit d'hiver des hautes latitudes entraîne parfois des états dépressifs, que les Inuit appellent *perlerorneq* – « le fardeau ».

L'ÎLE À LA CROISSANCE LA PLUS RAPIDE DU MONDE

L'Islande

SITUATION Océan Atlantique Nord
COORDONNÉES 63° 30'-66° 30' N | 14°-24° O

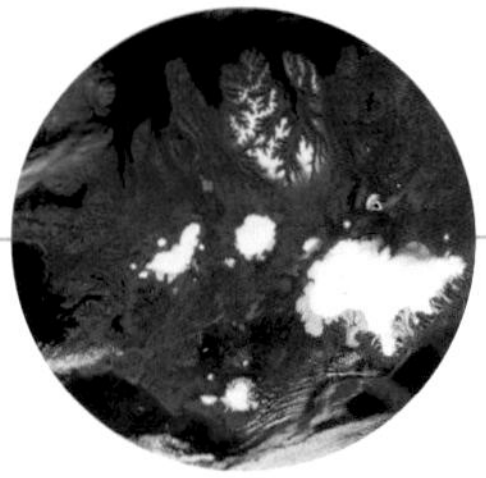

Parmi toutes les îles du monde, l'Islande est une adolescente qui ne cesse de grandir, mais par à-coups. L'île est formée d'un jeune plateau de basalte situé à cheval sur la dorsale médio-atlantique, où les deux plaques tectoniques nord-américaine et eurasienne s'éloignent lentement l'une de l'autre, souvent avec des conséquences explosives. Sur une génération, l'Islande grandit ainsi de quelques mètres.

Les sources d'eau chaude, qui abondent en Islande, servent au chauffage urbain, et la hauteur des geysers témoigne de la violence qui sourd sous ce paysage arctique. L'Islande compte quelque deux cents volcans, dont un grand nombre encore en activité. Le plus haut, l'Hekla, culmine à 1 490 m, mais il en est un autre plus célèbre au large de la côte méridionale. Surtsey est une île volcanique de 3 km^2 qui, en novembre 1963, surgit sans crier gare des eaux bouillonnantes de l'Atlantique Nord. Un volcan en éruption émergea des vagues, crachant des cendres, des scories et des rhyolites sur une colonne de plus de 305 m de haut. La lave continua à s'écouler de 1964 à 1967 et, en se refroidissant, le magma colmata la fissure sous-marine et forma une nouvelle croûte océanique. Parallèlement, le magma forma un bouclier au-dessus des cendres émergées et le jeune volcan se transforma en île. L'activité du point chaud situé sous l'Islande est telle qu'il a, à lui seul, généré un tiers de la lave ayant surgi à la surface de la Terre au cours des mille dernières années. Surtsey doit son nom à la divinité scandinave Surtur, chargée de mettre le feu à la Terre le jour où les dieux seront détrônés. Un nom parfait pour une terre dont le cœur est de feu et l'enveloppe de glace.

La croissance rapide de l'île est due aux fréquentes éruptions volcaniques. L'Hekla est à la fois le plus grand et le plus actif des volcans islandais. Ses éruptions sont recensées depuis 1104 : pas moins de 167 – dont 15 majeures – en neuf siècles.

LA PLUS GRANDE FORÊT PLUVIALE DU MONDE

L'Amazonie
SITUATION Brésil, Amérique du Sud
ÉTENDUE 7 050 000 km^2
COORDONNÉES 2° 30′ 00″ S | 60° 00′ 00″ O

Représentant encore plus de la moitié des terres couvertes de forêt pluviale dans le monde, l'Amazonie occupe un tiers du continent sud-américain et constitue la plus grande réserve de bio-ressources au monde. Le terme de « paradis vert » qui la désigne n'est pas exagéré. Bien que cette luxuriante forêt pluviale soit en grande partie totalement vierge, les projets routiers, l'implantation humaine et le développement industriel financés par l'État depuis trente ans la détruisent peu à peu, et d'immenses portions ont cédé la place à des usines polluantes et à des villes tentaculaires.

L'Amazonie est drainée par l'Amazone, le plus grand fleuve du monde tant par sa longueur que par son débit. On trouve dans son bassin les trois quarts des 23 000 espèces végétales répertoriées de par le monde, et, dans ses eaux, on dénombre au moins 1 500 espèces de poissons – alors qu'il n'en existe que 150 en Europe. Sans oublier l'immense variété d'insectes, d'oiseaux, de reptiles et de mammifères… Véritable mine de matières premières, la forêt amazonienne fournit du latex, du bois, des noix du Brésil, des diamants, de l'or, du pétrole, divers ingrédients utilisés par l'industrie pharmaceutique, etc. Elle n'en reste pas moins un écosystème fragile et de plus en plus menacé, victime de la déforestation et du pillage de ses ressources.

La forêt pluviale disparaît à un rythme tel qu'il est bon de rappeler ce qu'elle représentait il y a à peine cinquante ans. Dans une étude sur les Indiens peuplant le massif des Guyanes, drainé par les affluents de l'Amazone, le botaniste Nicholas Guppy écrivait en 1958 : « Des forêts aussi parfaitement vierges sont sans doute uniques au monde, et il est important de

les étudier avant que leur équilibre ne soit perturbé, d'autant qu'elles sont manifestement très anciennes. » Il ajoutait : « Toutes ces forêts, uniformes en apparence mais en fait infiniment variées, sont pareilles à des œuvres d'art… Leur beauté est induite par l'harmonie et l'équilibre de toutes leurs qualités interactives. »

L'ENDROIT LE PLUS ARIDE DU MONDE

Le désert d'Atacama
SITUATION Chili
ÉTENDUE 140 000 km²
COORDONNÉES 19°-25° S | 68°-70° O

Le désert d'Atacama est l'endroit le plus aride du monde. Seuls quelques milliers de personnes y vivent en pratiquant de maigres cultures aux abords des marais salants et des cours d'eau. Composé de salines, de sable et de roches volcaniques, le désert d'Atacama se situe au nord du Chili, à la frontière avec le Pérou, le long de la côte pacifique. Les précipitations, à peine mesurables, sont en moyenne inférieures à 1 mm par an, et il peut se passer plusieurs années sans qu'aucune goutte ne tombe. Certains endroits n'ont pas vu de pluie depuis plus de quatre siècles !

Sans commune mesure avec le Sahara, l'Atacama est un désert de petite taille, pas plus grand que le Mojave, en Amérique du Nord. Il s'élève à 610 m au-dessus du niveau de la mer et sa température diurne moyenne oscille entre 0 °C et 21 °C. Les maigres précipitations proviennent du brouillard venu de l'océan. Les rares végétaux capables de survivre absorbent l'humidité du brouillard et de la rosée, ou l'eau souterraine qu'ils puisent au plus profond de la terre. Les flamants roses se nourrissent des algues rouges se développant dans les eaux saumâtres des lacs.

Cet environnement inhospitalier – celui que certains imaginent sur Mars – est habité par l'homme depuis des millénaires, comme en témoignent les momies vieilles de vingt mille ans qui y ont été exhumées. Les hommes du désert collectent l'eau à l'aide de pièges à brouillard, sortes d'écrans géants qui capturent l'humidité de l'air, et la recueillent dans des citernes.

LE PLUS LONG RIFT DU MONDE

Le Rift est-africain

SITUATION Afrique du Nord-Est
LONGUEUR 6 400 km
COORDONNÉES 31° N-20 °S | 20°-35° E

À en croire les scientifiques, la vallée du Rift, immense série de failles s'étendant de la Jordanie à la côte du Mozambique, pourrait un jour couper l'Afrique en deux et donner naissance à un nouvel océan. Cette extension du système des dorsales médio-océaniques mesure en moyenne de 48 à 64 km de large.

Vue de haut, la vallée du Rift ressemble à une immense balafre traversant la moitié orientale de l'Afrique et le Moyen-Orient. Bordée de volcans éteints ou inactifs et de lacs tectoniques, cette énorme dépression s'est formée lorsque la divergence des plaques tectoniques fendit la croûte terrestre, ouvrant des lignes de faille parallèles qui donnèrent naissance à des vallées étroites. Si ces failles continuent à se former, dans quelques millions d'années, l'Afrique orientale pourrait se détacher du reste du continent et devenir une île à l'instar de Madagascar.

Parmi les sites majeurs de la vallée du Rift figure la zone de faille de Jordanie, qui a donné naissance à la vallée du Jourdain, au lac de Tibériade et à la mer Morte. Les rives occidentale et orientale de la vallée du Rift jordanien sont caractérisées par de profondes gorges et des oueds encaissés. De grands lacs salés occupent la dépression des Danakil, en Éthiopie, qui se situe à 116 m au-dessous du niveau de la mer. C'est l'un des points les plus chauds du globe, avec des températures supérieures à 49 °C.

Les fossés d'escarpement et les lignes de faille abondent à la surface du globe. Le long de la faille de San Adreas (ci-dessus), qui marque la frontière entre la plaque pacifique et la plaque nord-américaine, il se produit quelque dix mille séismes par an

de faible amplitude pour la plupart. Longue de 1 200 km, elle traverse presque toute la Californie et peut atteindre 16 km de largeur par endroits. La terre bouge au rythme de 56 mm par an.

LA PLUS GRANDE CALDEIRA NON INONDÉE DU MONDE

Le cratère de Ngorongoro
SITUATION Tanzanie, Afrique
ÉTENDUE 264 km^2
COORDONNÉES 3° 10′ 00″ S | 35° 35′ 00″ E

Les touristes qui visitent la réserve de Ngorongoro, souvent appelée « jardin d'Éden » du fait de son extraordinaire concentration en animaux sauvages, n'ont généralement qu'une idée en tête : apercevoir à tout prix les cinq « grands » – lion, léopard, buffle, rhinocéros et éléphant. Peu savent que le cratère où ils se trouvent est la plus grande caldeira entière et non inondée du monde. Ce bassin large et profond s'est formé il y a quelque 2,5 millions d'années, lors de l'explosion puis de l'effondrement d'un volcan. Cette verdoyante caldeira, qui mesure 22,5 km en son point le plus large, abrite aujourd'hui une véritable arche de Noé. Au centre du cratère se trouve un lac sodé peu profond alimenté par les eaux qui ruissellent sur les parois de la caldeira et dont la surface reflète le rose flamboyant des centaines de flamants qui s'y rassemblent. Plus loin, les marécages et les prairies de trèfle sont dominés par la brousse et la forêt tropicale couvrant les flancs abrupts du cratère.

Situé dans la vallée du Rift africain, Ngorongoro abrite aussi des hippopotames, gnous, guépards, phacochères, gazelles, hyènes ainsi que des centaines d'espèces d'oiseaux. Pour les 42 000 Massaï qui vivent dans la réserve de Ngorongoro, le tourisme est à la fois une bénédiction et une menace. Ngorongoro renferme aussi la gorge d'Olduvai, où Louis et Mary Leakey découvrirent les restes de *Zinjanthropus boisei*, lointain ancêtre de l'homme âgé de 1,8 million d'années. Ce « berceau de l'humanité » regorge d'empreintes, de vestiges d'outils et d'ossements fossilisés d'espèces préhistoriques.

De décembre à mars, d'immenses troupeaux pénètrent dans le parc national du Serengeti, où se situe la réserve de Ngorongoro, pour y mettre bas. Mais la soif constitue un nouveau danger pour les mères et leurs petits, car cette vaste

nursery attire aussi les fauves – lions, guépards et hyènes – qui se désaltèrent aux mêmes points d'eau. Les Massaï, qui font paître leur bétail dans cette plaine depuis des millénaires, l'appellent *siringitu*, « l'endroit où la terre bouge sans cesse ».

LA PLUS GRANDE RÉSERVE DU MONDE

La plaine du Serengeti

SITUATION Afrique de l'Est, à cheval entre la Tanzanie (parc national du Serengeti, réserve de Ngorongoro, réserve de Maswa) et le Kenya (réserve Masai Mara)

COORDONNÉES 1°-4° S | 34° 30'-35° 30' E

La plaine du Serengeti représente un immense écosystème naturel à travers lequel des millions d'animaux sauvages – lions, gazelles, léopards, zèbres, hyènes, éléphants, guépards, rhinocéros et girafes – migrent par vagues successives. Ce territoire de 31 000 km², couvert de prairies herbues semées d'arbres et d'arbustes, est sans doute la plus belle savane d'Afrique. La plaine du Serengeti s'étend du lac Victoria, à l'ouest, jusqu'aux lacs sodés de la vallée du Rift, à l'est, et au cratère de Ngorongoro, au sud.

La faune y vit au rythme des pluies. En juin, la saison sèche entraîne la migration la plus spectaculaire qui soit : les troupeaux se déplacent de l'ouest du Serengeti aux rivières du Nord. Lorsque les pluies arrivent, les animaux descendent vers le Sud-Est pour y mettre bas avant de reprendre leur route vers l'Ouest, et le cycle peut recommencer. La terre elle-même varie au gré des saisons, passant du vert le plus vif au marron le plus terne.

Serengeti vient du mot massaï *siringitu*, qui signifie « l'endroit où la terre bouge sans cesse ». Quelque 3 millions de grands animaux y occupent un espace de la taille d'une région française. L'endroit est aussi beau qu'inhospitalier : les végétaux endurent une sécheresse extrême et les animaux luttent contre des nuées d'insectes. Cet écosystème, l'un des plus anciens sur Terre, est aussi le berceau de l'humanité : il conserve de nombreux témoignages des premiers pas de l'espèce humaine. Grâce aux mesures de conservation déjà mises en place, cet Éden africain a pu être préservé.

George et Joy Adamson travaillaient dans le Serengeti pour rendre les lions à l'état sauvage. Leur combat inspira plusieurs livres et films, dont *Born Free*. Mais, en Afrique, les dangers ne viennent pas que de la nature ou des prédateurs : Joy fut tuée par un ancien employé en 1980, et George abattu par des braconniers en 1989.

LE PLUS VIOLENT TREMBLEMENT DE TERRE CONNU

Valdivia, 22 mai 1960

SITUATION Au large de la côte sud du Chili

MAGNITUDE 9,5

COORDONNÉES 39° 48′ 00″ S | 73° 14′ 00″ O

Chaque année, plus de 500 000 séismes sont enregistrés sur Terre, mais 100 000 seulement sont ressentis par l'homme, dont 100 provoquent des dommages et des pertes humaines.

Les ondes sismiques et les tremblements de terre sont dus à la décharge d'énergie libérée lors de la cassure ou du glissement de roches sous-jacentes, le plus souvent aux abords d'une faille ou d'une fracture dans la croûte terrestre. Ce phénomène se produit généralement à moins de 80 km de profondeur. La plupart des séismes sont générés à la lisière de deux plaques tectoniques, océaniques ou continentales, là où se situent les lignes de faille, les rifts et les volcans.

Les ondes sismiques se propagent rapidement dans toutes les directions, à la façon des rides provoquées à la surface de l'eau par la chute d'un corps. Si l'intensité d'un séisme varie en fonction de sa localisation, sa magnitude constitue toujours une mesure fiable.

Le philosophe grec Aristote étudia les séismes dès 350 av. J.-C. On ne saura sans doute jamais quel fut le plus fort séisme de l'histoire, mais le plus violent jamais enregistré est celui qui frappa la côte chilienne le 22 mai 1960. D'une magnitude de 9,5 sur l'échelle de Richter, il avait son épicentre à 60 m sous le plancher de l'océan Pacifique, à 160 km au large du Chili. Les villes voisines de Valdivia et Puerto Montt furent rasées et plus de deux mille personnes périrent au Chili, à Hawaii, au Japon et aux Philippines sous la violence du tsunami engendré. L'énergie libérée fut supérieure à celle du plus grand essai nucléaire jamais réalisé.

Le deuxième plus fort tremblement de terre du XXe siècle frappa la baie du Prince-Guillaume, en Alaska, le 28 mars 1964, jour du Vendredi saint. D'une magnitude de 9,2, le séisme dura près de trois minutes, ce qui est exceptionnel, la plupart des séismes durant moins d'une minute. Il tua cent vingt-cinq personnes, provoqua des glissements de terrain – qui auraient même déplacé la capitale, Anchorage, de 1 m vers le sud – et engendra un tsunami qui atteignit l'archipel des Hawaii.

L'Alaska est un lieu de constante activité sismique, avec en moyenne cinq mille séismes par an d'une magnitude d'au moins 3,5. Trois des dix plus forts tremblements de terre jamais enregistrés s'y sont produits.

LE TREMBLEMENT DE TERRE LE PLUS MEURTRIER

Tianjin, le 28 juillet 1976

SITUATION Au nord-est de la Chine

MAGNITUDE 7,8

COORDONNÉES 39° 08′ 32″ N | 117° 10′ 36″ E

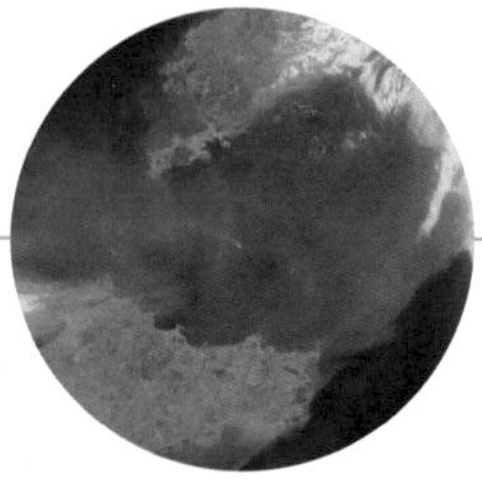

La magnitude est un indicateur relativement objectif de l'énergie libérée par un tremblement de terre. Les dégâts causés par le séisme (coût en vies humaines et dommages matériels) sont, en revanche, plus délicats à évaluer. Ils dépendent bien sûr de la magnitude du séisme, mais aussi de la localisation de son épicentre, de la structure de la roche sous-jacente et, surtout, de l'aménagement territorial et de la densité de population de la zone touchée.

Le 28 juillet 1976, à 3 h 42, lorsque la ville de Tianjin, en Chine, fut frappée dans son sommeil par un séisme de magnitude 7,8, l'ampleur de la catastrophe fut manifeste. Au moins un quart du million d'habitants que comptait ce grand centre industriel et minier, situé à 160 km au sud-est de Pékin, périt. Le chiffre officiel avancé par les autorités fut de 255 000 victimes mais, selon d'autres estimations, il y aurait eu plus de 650 000 morts.

La Chine connut dans son histoire un séisme plus meurtrier encore : le 23 janvier 1556, un tremblement de terre frappa, dans la province du Shanxi, la région de Huaxian, où la plupart des habitants vivaient encore de manière troglodytique. Les habitations creusées dans la roche s'effondrèrent, tuant quelque 830 000 personnes. Plus effroyable encore, le séisme qui balaya la Haute-Égypte (Syrie actuelle) le 5 juillet 1201, dont on estime qu'il fit 1,1 million de morts.

« La géologie s'apprend le lendemain d'un tremblement de terre, sur d'affreux schémas de montagnes fendues, de plaines retournées ou de fonds océaniques asséchés. »

Ralph Waldo Emerson

Yalova, sur la côte sud-est de la mer de Marmara, en Turquie, est une station de villégiature qui permet d'échapper au tumulte d'Istanbul. Le 17 août 1999, à 3 h 2, un tremblement de terre d'une magnitude de 7,2 frappa cette zone fortement sismique, tuant 9 000 des 60 000 habitants de la ville.

LA PLUS PUISSANTE COLLISION DU MONDE

L'Hindu Kuch

SITUATION Asie centrale, à cheval entre l'Afghanistan et le Pakistan
COORDONNÉES 35°-37° N | 68°-74° E

Le nom *Hindu Kuch*, qui désigne le massif à cheval entre l'Afghanistan et le Pakistan, signifie « tueur hindou ». Un nom parfait pour cette chaîne montagneuse située à proximité de la frontière entre les plaques eurasienne et indo-australienne, une zone où se produit la plus grande collision continentale qui soit.

Les sommets nus et glacés de l'est de l'Afghanistan culminent à plus de 7 000 m et s'étendent sur quelque 950 km. Ils forment une barrière naturelle entre les vallées de l'Indus, au sud-est, et de l'Amu Darya, au nord-ouest. L'Hindu Kuch est l'extension la plus occidentale des massifs du Pamir, du Karakorum et de l'Himalaya. Les séismes y sont fréquents. Cette activité sismique est due à la dérive vers le nord du sous-continent indien : ce mouvement et la pression qu'il induit sur le continent eurasien provoquent la surrection du massif de l'Himalaya et du plateau du Tibet. Les deux plaques se rapprochent à la vitesse d'environ 44 mm par an et les forces d'impact sont assez puissantes pour soulever le massif de l'Himalaya de quelque 5 mm par an.

L'Hindu Kuch fut le témoin de grands moments de l'histoire : ses périlleux cols de haute altitude furent franchis par Alexandre le Grand, Gengis Khan, Tamerlan et Baber au cours des différentes invasions de l'Inde. Ces itinéraires si stratégiques en temps de guerre devinrent un réseau précieux pour le passage des caravanes. Aujourd'hui encore, les échanges se font le long de ces routes. La passe de Khyber, au Pakistan, fut longtemps la principale voie de communication, mais elle a été détrônée par le col du Salang, qui relie Kaboul au nord du pays. Cet axe a joué un rôle de premier plan lors des derniers conflits armés, comme en témoignent les nombreuses chaussées éventrées et les ponts bombardés. Avec un contexte politique aussi tumultueux que sa nature est traître, l'Hindu Kuch porte toujours bien son nom.

Sebastian Junger

HINDU KUCH

Le seul moyen de se faire une idée juste de la place que l'homme occupe dans l'univers consiste à se rendre dans un endroit où il est impossible de survivre, ou encore sur une montagne comme celles de l'Hindu Kuch, en Afghanistan. Je m'y suis rendu en 2000 avec l'Alliance du Nord, et y suis retourné à l'automne 2001, lorsque l'Alliance du Nord marchait sur Kaboul. C'est un paysage grandiose, le site géographique le plus extrême qu'il m'ait jamais été donné de voir. Nous fîmes notre première sortie dans un vieil hélicoptère russe, survolant des sommets inviolés à perte de vue. Quiconque aurait été débarqué ici serait mort à coup sûr, d'autant que la région était isolée politiquement et militairement du fait du conflit avec les talibans. Nous étions réellement au milieu de nulle part : rien que de la roche nue et escarpée, l'image que je me fais des montagnes de l'Alaska. Pas la moindre forêt de sapins alpine, mais des pics impressionnants et acérés, avec une magnifique rivière dévalant la vallée du Panjshir pour déboucher dans les plaines du pays somali.

Dans un cadre à la beauté aussi saisissante, l'immensité de l'espace et du temps fait que l'on se sent tout petit. En oubliant qu'ils ne sont que d'insignifiantes fourmis sur cette planète, les hommes perdent leur relation ancestrale à l'univers et à la Terre. Mais nous gardons ancrée au plus profond de nous la notion de notre vulnérabilité. Le secret de notre évolution réside dans la conscience de notre petitesse, pas dans l'illusion de notre grandeur. Victimes d'un tel mirage, nous aurions été balayés par la nature en un clin d'œil.

Cette impression s'impose à nous dans les montagnes d'Afghanistan bien plus que dans la jungle urbaine de New York. La civilisation nous donne l'illusion que le monde tourne à l'échelle de l'homme. Que non ! L'univers a 15 milliards d'années. Et nous, quel âge avons-nous ?

LE PLUS GRAND GLISSEMENT DE TERRAIN DU MONDE

Le mont Saint Helens

SITUATION Chaîne des Cascades, État de Washington, États-Unis

COORDONNÉES 45° 55′ 43″ N | 122° 22′ 44″ O

Assoupi depuis 1857, le mont Saint Helens donnait, avec son pic enneigé de 2 950 m d'altitude, l'image de la beauté tranquille. C'était l'un des volcans de l'Ouest américain les plus prisés des randonneurs qui le connaissaient comme leur poche. Ou plutôt croyaient le connaître…

Car, le 27 mars 1980, dans une énorme éruption de vapeur, la montagne commença à s'effondrer. Du magma s'éleva dans le cône du volcan, dont les flancs se fissurèrent. Le 18 mai, un séisme de magnitude 5,1 entraîna un glissement de terrain sur la face nord. La pente se détacha dans une avalanche qui fut suivie d'une explosion latérale : le mont rejeta un nuage de cendres, de pierres brûlantes et de gaz toxiques à plus de 20 km d'altitude. Des torrents de boue et de roches pyroclastiques dévalèrent les pentes et submergèrent les vallées sur 27 km vers l'est.

Ce glissement de terrain, le plus violent jamais enregistré, déplaça 2,8 milliards de m^3 de roches et de boue et détruisit plus de 259 km^2 de forêts, tuant wapitis, cerfs, ours et coyotes. On devait également déplorer, entre la première éruption et le glissement de terrain, la mort de soixante-six personnes. Une deuxième éruption volcanique se produisit une semaine après, le 25 mai, et une troisième encore, un an plus tard.

C'est donc une triple catastrophe (éruption, séisme et glissement de terrain) qui frappa le Saint Helens en 1980. Le pic a perdu son cône volcanique, aujourd'hui remplacé par un cratère en fer à cheval, profond de 750 m et dont le bord culmine à 2 550 m.

Le mont Saint Helens, peu de temps avant la catastrophe de 1980. La coulée de boue est due à une éruption mineure.

LES PLUS GRANDES ZONES D'AVALANCHES DU MONDE

EUROPE Les Alpes suisses et italiennes
AMÉRIQUE DU NORD Les montagnes Rocheuses
AMÉRIQUE DU SUD Les Andes
ASIE L'Himalaya
NOUVELLE-ZÉLANDE Les Alpes néo-zélandaises

Le terme d'avalanche, qui se définit comme la chute d'une importante masse – de neige, de glace, de roches, etc. –, s'applique aussi bien à une coulée de boue ou de lave qu'à un glissement de neige. Il s'agit d'une érosion naturelle, souvent saisonnière, due à une éruption volcanique, à un séisme, à une perturbation d'origine humaine ou à de fortes pluies. Son potentiel de destruction est autant lié à l'impact des matériaux qu'au souffle dû au déplacement.

L'avalanche la plus connue est l'avalanche de neige, qui commence lorsqu'une masse de neige instable se détache du flanc d'une montagne. Elle gagne en volume et en vitesse au cours de la chute et se transforme en un torrent furieux qui peut atteindre 300 km/h. Les deux grands types d'avalanches sont l'avalanche de poudreuse, où la neige se comporte comme du sable, et l'avalanche en plaques, la plus meurtrière, dans laquelle une lourde plaque de neige se détache d'une sous-couche plus fragile. La plaque, dont l'épaisseur dépasse parfois 10 m, peut entraîner dans sa chute jusqu'à cent fois son poids en neige.

Chaque année, plusieurs centaines de milliers d'avalanches se produisent dans les Alpes, l'Himalaya, au Japon, en Nouvelle-Zélande et en Amérique du Nord. L'une des plus célèbres de l'histoire est celle qui s'abattit sur les troupes du général carthaginois Hannibal, qui traversait les Alpes pour marcher sur Rome, en 218 av. J.-C. Elle tua quelque 18 000 soldats, 2 000 chevaux et de nombreux éléphants. La plus grande avalanche enregistrée s'est produite en 1962 sur le mont Huascarán, au Pérou. À la suite d'un tremblement de terre, quelque 50 millions de m^3 de glace, de roches, de scories et d'eau dévalèrent ce sommet andin en l'espace de trois minutes, faisant environ 18 000 morts.

Les avalanches des Alpes suisses sont les plus meurtrières – cent victimes par an. La plupart sont enfouies sous moins de 1 m de neige, mais il leur est pratiquement impossible de se dégager car la neige est très compacte. Une personne sur cinq meurt sur le coup ; les autres doivent impérativement être secourues dans l'heure qui suit. Si elle est dégagée dans les 15 minutes (durée normale de ses réserves d'air), une victime a 92 % de chance de survivre. Au bout de 35 minutes, elle n'en a plus que 30 %. Les techniques de secours les plus diverses ont été testées, mais la plus efficace reste encore le chien d'avalanche.

LE PONT NATUREL LE PLUS LONG DU MONDE

Le Rainbow Bridge

SITUATION Lac Powell, Utah, États-Unis
DIMENSIONS 88 m de long | 13 m d'épaisseur | 10 m de large
COORDONNÉES 37° 04′ 39″ N | 110° 57′ 49″ O

Caché dans les canyons creusés au pied du mont Navajo, sur le plateau du Colorado, le Rainbow Bridge est depuis des siècles un site sacré pour les Indiens. De la base au sommet, le Rainbow Bridge est un arc de 88 m, qui fait de lui la plus haute arche naturelle du monde. Composée de roche stratifiée, notamment de grès Navajo, vieux de plusieurs centaines de millions d'années, cette arche évoque immédiatement un pont. Elle a été formée par un ancien affluent du fleuve Colorado, qui a érodé les roches sédimentaires les plus fragiles et a laissé ce magnifique ouvrage.

Le 30 mai 1910, le président américain William Taft fit du Rainbow Bridge un monument national afin de préserver ce trésor naturel ayant « l'apparence d'un arc-en-ciel et présentant un grand intérêt scientifique comme réalisation baroque de l'érosion ». Lorsque Theodore Roosevelt visita le monument en 1913, il vit qu'un sentier à poneys passait sous l'arche mais remarqua que les Navajos de son escorte le contournaient. « Ce superbe pont naturel, si récemment 'découvert' par l'homme blanc, était connu depuis des temps immémoriaux par les Indiens, raconta-t-il. Or leurs croyances leur défendent de passer sous une arche. »
Cette reconnaissance présidentielle attira les touristes, et la construction du barrage de Glen Canyon, qui inonda les canyons du lac Powell, rendit l'accès du Rainbow Bridge plus facile. Le site attire aujourd'hui quelque trois cent mille visiteurs par an, au grand dam du peuple navajo, qui continue à y célébrer des cérémonies religieuses.

« Leurs croyances interdisent aux Indiens de passer sous une arche. »

Theodore Roosevelt

Les Bisti bad-lands

SITUATION Nouveau-Mexique, États-Unis
COORDONNÉES 36° 49' 37" N | 108° 00' 31" O

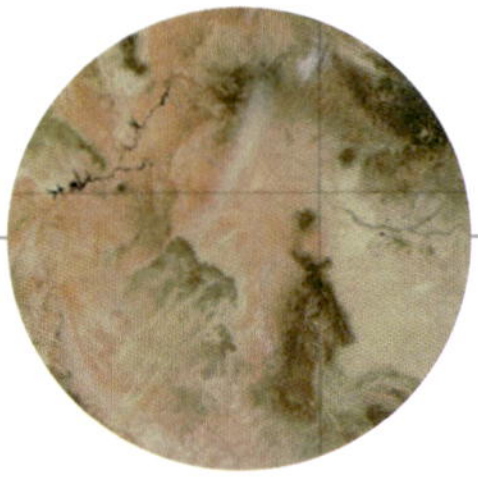

Les Bisti bad-lands sont un site méconnu et peu visité, composé de buttes ondulantes et de roches érodées franchement insolites. Situé aux confins nord-ouest du Nouveau-Mexique, le site protégé de Bisti/De-na-zin se trouve presque au centre du bassin du San Juan, au sud-ouest du plateau du Colorado. La ville la plus proche est Aztec, à une heure de route, mais le site n'est pas indiqué et aucun sentier balisé ne permet aux randonneurs de se repérer dans cet espace de moins de 100 ha. En dépit de sa petite taille, Bisti – mot navajo signifiant « bad-land », « mauvaise terre » – présente une collection impressionnante de couches sédimentaires – grès, schiste, limon et charbon – émaillées de morceaux de bois pétrifiés charriés dans cette ancienne vallée fluviale il y a plusieurs millions d'années.

L'érosion du vent et de la pluie a sculpté ces collines d'argile, aux tons allant du marron au grenat en passant par le rose, pour créer, dans un dédale de lits sédimentaires, de minuscules grottes et de crevasses, un paysage fantastique : rochers en équilibre, cheminées de fée (colonnes de grès effilées coiffées d'un bloc de schiste), rochers-champignons se dressent ici comme les sentinelles d'un monde imaginaire. Avec le temps, l'érosion a également mis au jour des empreintes et des fossiles de dinosaures tridactyles.

Il y a 70 millions d'années, Bisti était une forêt pluviale côtière, composée de conifères et de palmiers et peuplée de dinosaures, de petits reptiles et de mammifères. Puis, la mer se retira, et les Rocheuses s'élevèrent au nord et à l'est, inversant le sens du ruissellement. Les sédiments étouffèrent la forêt, pétrifiant la faune et la flore, et s'agglomérèrent en formant d'épaisses couches de grès et de schiste. L'érosion vint finalement à bout de ces dépôts sédimentaires pour exhumer les vestiges de l'ancienne forêt pluviale aujourd'hui pétrifiée.

LE ROCHER-CHAMPIGNON LE PLUS HAUT DU MONDE

Le désert du Néguev
SITUATION Israël
COORDONNÉES 29° 31' 00" N | 34° 56' 00" E

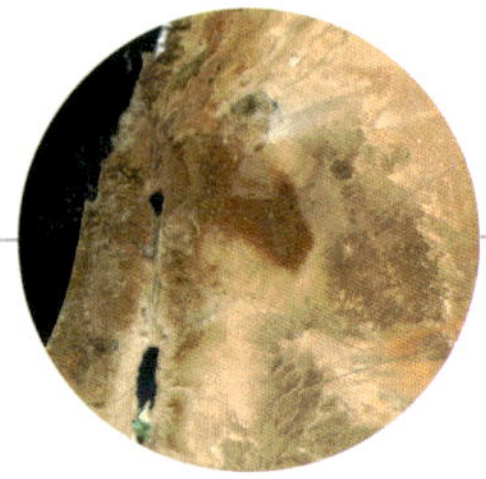

Les rochers-champignons sont des piliers massifs en grès dont la tête est plus volumineuse que la base. Ces insolites piliers qui se dressent dans des vallées érodées se sont formés sur la ligne de côte d'anciennes mers. Avec le temps, le ressac cimenta les grains de sable en créant des concrétions de grès. Puis, le vent et l'eau érodèrent ces blocs de grès, mais l'érosion fut plus forte à la base qu'au sommet, leur donnant la forme de champignons qui semblent défier les lois de la gravité.

Comment un lourd bloc de grès peut-il tenir en équilibre au sommet d'un socle étroit soumis à l'érosion ? La question serait plutôt de savoir jusqu'à quand. Les rochers-champignons mènent en effet une existence précaire et finissent par s'effondrer au bout de quelques millions d'années.

Le plus grand rocher-champignon du monde (ci-contre) se dresse sur 9 m de hauteur dans le désert du Néguev, non loin d'Eilat, en Israël. Situé dans la réserve naturelle du parc de Timna, ce pinacle de grès forme une lumineuse colonne aux reflets dorés qui s'élève dans une vallée aride et très escarpée, aux ravins poussiéreux. On trouve également des rochers-champignons de 2 m de hauteur en Australie-Occidentale et aux États-Unis, dans l'État de l'Arizona ainsi que dans celui du Kansas, où le Mushroom Rock State Park abrite une poignée de ces curiosités de la nature âgées de plus de 100 millions d'années.

Vous ne tomberez peut-être pas sur le ver à soie d'*Alice au pays des merveilles*, juché sur un rocher-champignon et tirant sur son narguilé, mais il est vrai que ces insolites et anciennes formations de grès peuvent suggérer bien des comparaisons : animaux, oiseaux, visages, constructions, personnages... On y a même vu un chameau agenouillé !

Rassemblement muet et mystérieux évoquant un alignement de menhirs, les pinacles du parc national de Nambung, en

Australie-Occidentale, sont en fait les souches pétrifiées d'anciens arbres fossilisés.

LES PLUS ANCIENS FOSSILES DU MONDE

Les roches du groupe de Warrawoona

SITUATION Australie-Occidentale
COORDONNÉES 21° 00′ 00″ S | 119° 30′ 00″ E

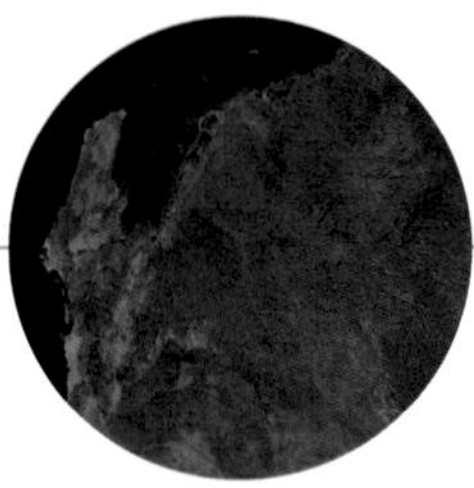

À quand remonte l'apparition de la vie sur Terre ? La question taraude les spécialistes de l'évolution, qui inventent de nouveaux systèmes de mesures de datation pour rechercher parmi les anciennes formations rocheuses les plus anciens fossiles. Les analyses isotopiques débouchent sur trois sites rivaux : les premiers prétendants au titre de plus ancien fossile sont les roches du groupe de Warrawoona, à l'est du bloc de Pilbara, près de Marble Bar, en Australie-Occidentale, qui datent de 3,46 milliards d'années. Les micro-organismes fossiles présents dans ces formations nous renseignent sur la nature et l'ancienneté de notre biosphère. Les deuxièmes en lice sont les formations rocheuses de quartz-pyroxène d'Akilia, dans le sud-ouest du Groenland, qui renferment des microfossiles datant de 3,85 milliards d'années. Mais les vestiges les plus probants d'une vie primitive sur la Terre se trouveraient dans les sédiments sous-marins d'Isua, toujours dans le sud-ouest du Groenland, qui dateraient de 3,7 à 3,8 milliards d'années.

Les matières organiques fossilisées que traquent les scientifiques sont des stromatolithes – cyanobactéries, assimilées à tort aux algues bleues. On en trouve encore aujourd'hui dans les lacs salins et les sources chaudes, mais il y eut un temps où ils étaient beaucoup plus nombreux. Ces minuscules bactéries furent emprisonnées dans les couches de sédiments, parfois en petits groupes mais souvent sous forme de grandes structures ramifiées ressemblant à du corail. Les stromatolithes existaient avant la formation des continents et près de 3 milliards d'années avant l'apparition des premiers invertébrés – plumes de mer ou méduses. Puis vinrent les trilobites, les poissons, les forêts, les dinosaures, les mammifères, etc. Les plus anciens ancêtres de l'homme apparurent il y a environ 3 millions d'années, mais l'espèce moderne *Homo sapiens sapiens* n'a que 100 000 ans. Dans l'histoire de notre Terre, vieille de 4,5 milliards d'années, celle de l'humanité ne représente jamais qu'un battement de paupière.

L'Australie-Occidentale est connue comme l'une des premières régions du monde pour l'étude des stromatolithes. Ils sont ici emprisonnés dans les sédiments de la plage de la baie des Requins. Vu leur âge, les dinosaures nous paraissent bien jeunes ! La NASA a entrepris de retrouver la trace de ces anciennes créatures cristallisées… sur Mars.

LES FORMATIONS DE GRÈS LES PLUS CURIEUSES DU MONDE

La Cappadoce

SITUATION Turquie

COORDONNÉES 38° 55' 00" N | 34° 40' 00" E

Il y a des millions d'années, l'éruption de grands volcans recouvrit le centre du plateau d'Anatolie de cendres et de lave, créant des vallées profondes bordées de falaises escarpées. Les roches volcaniques se solidifièrent et, au fil du temps, l'érosion conjuguée du vent et de l'eau les sculpta en forme de cônes.

Les plus intéressantes de ces formations sont les cheminées de fée, dont le socle conique fait de tuf calcaire (roche poreuse) et de cendres volcaniques est surmonté d'un chapeau en roche dure. On trouve également en Cappadoce des pitons en forme de champignons, de colonnes ou d'îlots pointus. Pendant plus de mille ans, les habitants creusèrent ces roches et transformèrent les grottes en maisons, en silos ou en églises. En été, malgré un soleil de plomb accablant, ces grottes restent toujours fraîches.

La Cappadoce fut un carrefour d'échanges commerciaux bien avant notre ère. Lorsque Rome l'annexa à son empire, en 17, l'élevage des chevaux devint une activité lucrative – *Cappadoce* signifie « pays des beaux chevaux » en vieux hittite. Ce paysage rocheux fut aussi une terre d'asile pour les chrétiens persécutés au cours du IIe siècle, et les églises troglodytiques que les moines creusèrent et décorèrent de fresques servent encore aux fidèles.

Il y a peu de temps encore, la vallée de la Zelve était peuplée car ses roches tendres se prêtent bien à l'habitat troglodytique. On y trouve même deux lieux de culte – l'église du Poisson et l'église du Raisin. Plus loin, dans cette fascinante région du

centre de l'Anatolie, à Asikli Höyük, on a retrouvé des vestiges néolithiques – outils et objets de culte notamment, mais aussi un squelette de femme d'une vingtaine d'années, le premier cas de trépanation connu au monde.

LES SITES LES PLUS CALCIFIÉS DU MONDE

Le lac Mono
SITUATION Californie, États-Unis
COORDONNÉES 37° 19' 36" N | 119° 01' 00" O

Les Mammoth Hot Springs (sources chaudes du parc national de Yellowstone)
SITUATION Wyoming, États-Unis
COORDONNÉES 44° 46' 00" N | 110° 14' 00" O

Pamukkale (ancienne Hiérapolis)
SITUATION Sud-ouest de la Turquie
COORDONNÉES 37° 54' 57" N | 29° 06' 46" E

Âgé de 1 à 3 millions d'années, le lac Mono est l'un des plus anciens lacs d'Amérique du Nord. Bien qu'il soit alimenté par cinq rivières d'eau douce, il ne possède aucun effluent, de sorte que les sels et minéraux dissous y atteignent de fortes concentrations. L'évaporation accentue encore le taux de salinité : ses eaux sont trois fois plus salées que celles du Pacifique et mille fois plus alcalines que l'eau douce. Les seules formes de vie qui peuvent y subsister sont quelques bactéries, de rares espèces de crustacés et de mouches qui servent de nourriture aux millions d'oiseaux migrateurs qui fréquentent ses berges. Mais, ce qui frappe le plus dès que l'on s'approche du lac Mono, ce sont les extraordinaires formations rocheuses blanches qui émergent. En forme de bulbes hérissés d'aiguilles effilées, ces tours s'érigent lorsque les sources souterraines, riches en calcium, rencontrent les eaux du lac, riches en carbonates dissous. Il se forme du carbonate de calcium, qui précipite et s'accumule à l'embouchure des sources pour édifier, avec le temps, des tours surprenantes dont certaines atteignent jusqu'à 10 m de hauteur. Elles se dévoilent plus ou moins à mesure que le niveau des eaux baisse.

Au plus profond des Mammoth Hot Springs, les sources chaudes du parc national de Yellowstone, l'eau souterraine chauffée par les chambres magmatiques suinte à travers les crevasses et remonte à la surface. Cette eau est riche en carbonate de calcium provenant des couches de sédiments qui forment le substrat rocheux de la région. Une fois exposés à l'air libre, ces minéraux se solidifient. Avec le travertin de ses terrasses blanches, ce site spectaculaire évoque des flûtes débordant de champagne ou des génoises à la vanille.

Dans l'ouest de la Turquie, la vallée verdoyante et encaissée de la Büyükmenderes Nehri connaît un échange hydrologique du même type, qui a donné naissance aux plateaux blancs de Pamukkale – appelé autrefois Hiérapolis. Dans cet étincelant décor de contes de fées, l'eau des sources thermales, chargée en sels de calcium, s'écoule sur les terrasses formant le bord du plateau, créant un paysage fascinant, fait de stalactites, de cataractes et de bassins.

La ville antique de Hiérapolis est parsemée de temples et de théâtres romains ainsi que d'églises et de basiliques byzantines. Son nom actuel, Pamukkale – « château de coton » –, rétablit la prééminence des constructions de la nature sur celles de l'homme.

Un chef indien assoupi, entouré de ses braves et de ses squaws, tous pétrifiés ? Ce sont certainement les Paiutes du lac Mono, tribu indienne qui vécut ici pendant des siècles en se nourrissant des ressources du lac. Lorsque les autorités de Los

Angeles détournèrent les cours d'eau avoisinants pour canaliser l'eau vers les régions arides du sud de la Californie, le mode de vie ancestral des Indiens en fut bouleversé. Le lac Mono se satura en sels, et ses eaux devinrent à tout jamais imbuvables

Sara Wheeler

TERRE DE FEU

L'archipel de la Terre de Feu prolonge la pointe du continent sud-américain, dont il n'est séparé que par les eaux glacées du détroit de Magellan. Sa plus grande île est partagée entre le Chili et l'Argentine par une ligne verticale tirée au cordeau. Ce sont les terres les plus australes du globe, région sépulcrale où la rotondité de la Terre paraît d'autant plus accentuée.

Peu avant mes trente ans, j'échouai à Puerto Williams, sur l'île Navarino, le lieu habité le plus austral au monde. Je rentrais d'un périple de six mois au Chili. Mon séjour avait été excellent, j'avais bon moral et je devais me rendre en Terre de Feu, au bout du bout du monde. Quoi de plus tentant ?

Fernand de Magellan découvrit la Terre de Feu en 1520. Perché sur le pont grinçant de son navire, il la baptisa « Terre des fumées », d'après les volutes qu'il avait vues s'y élever. Mais son souverain Charles Quint lui préféra le nom de *Tierra del Fuego*, arguant sans doute qu'il n'y a jamais de fumée sans feu ! On ignorait à l'époque que la Terre de Feu était un archipel. C'est Francis Drake qui le découvrit en 1587, lorsqu'il poussa au-delà des icebergs à bord de son propre navire.

Navarino est aujourd'hui une île chilienne et Williams, le seul village, doit son nom à John Williams, capitaine de l'*Ancud*, le schooner à bord duquel il revendiqua le détroit de Magellan pour le Chili en 1843. Comme Williams, je suis native de Bristol : il n'en fallait pas plus pour que je me sente chez moi. Mais le village est un endroit où il ne se passe jamais rien. Les maisons basses aux toits de tôle ondulée sont séparées par des égouts à ciel ouvert. Coincé entre trois océans, le site est aussi inhospitalier que glacial : les vents de trois océans (Atlantique, Pacifique et Austral) soufflent de l'est, de l'ouest et du sud, chargés de quantités impressionnantes de pluie et de neige. La température ne dépasse pas 11 °C en été et le vent ne faiblit jamais.

Un jour, pour passer le temps, je pris un camion antédiluvien pour livrer du bois à un poste de police situé à la pointe ouest de l'île. Nous parcourûmes des kilomètres à travers une forêt de hêtres aux troncs argentés, emmaillotés de lichens jaune pâle et tordus par les vents jusqu'à former des hiéroglyphes. Chaque flaque de boue était entourée d'un dépôt minéral de couleur blanche, et la cabine, non chauffée, baignait dans leur odeur métallique.

Le poste était un simple cabanon posé dans une clairière qui descendait en pente douce vers le bord de l'eau. Drôle d'endroit pour un poste de police... Sauf que Navarino se trouve juste en dessous du territoire argentin, dont elle n'est séparée que par un détroit de 19 km. Les deux pays étant en état de tension permanente, les Chiliens préféraient surveiller, de peur qu'un navire de la marine argentine en maraude ne surgisse pour faire tomber leur île dans son escarcelle. Le poste ne comptait que trois hommes, sans armes ni formation particulière. Difficile de s'imaginer ce qu'ils auraient pu faire en cas d'attaque ennemie. Personne n'avait l'air de s'en soucier, du reste.

À la fin de l'après-midi, alors que j'allais prendre congé, l'agent chef me proposa de rester avec eux quelque temps. Voici les notes que j'inscrivis dans mon carnet de voyage : « Nuages à la Magritte, tipis de castor dans les tourbières de sphaigne. Oublié ma brosse à dents. Obligée de rester. Qu'est-ce que je vais bien pouvoir lire ? »

Mes *carabineros* m'emmenèrent cueillir des champignons et m'apprirent à distinguer ceux qui étaient comestibles. Nous les mangeâmes frits dans du beurre, accompagnés d'un champignon sphérique orange vif poussant sur les hêtres. À l'aube, alors que rosissaient les pics blancs de la cordillère de Darwin, nous prîmes les chevaux pour patrouiller les criques désertes du canal de Beagle.

Nos montures piétinaient les touffes d'herbe, leur robe fumant de vapeur dans l'air glacé du petit matin, tandis que des brassemers au plumage grumeleux couraient sur les rochers, leurs ailes inutiles battant avec humeur. L'agent de police me montra les endroits où l'herbe avait poussé sur les monticules de coquillages et de cendres laissés par les Indiens Yaghan, qui allaient de crique en crique, à bord de canoës en bois, à la pêche aux mollusques et à la chasse au phoque. Ces nomades, qui s'appelaient eux-mêmes *Yamana* – « les hommes » –, couvraient autrefois un immense territoire allant de la péninsule de Brecknock au cap Horn, mais ce territoire s'amenuisa à mesure que l'homme blanc leur fit la chasse, et ils finirent confinés aux chenaux ceinturant l'île de Navarino. Ils parlaient cinq dialectes distincts composant une famille linguistique tout à fait originale et se comprenaient mutuellement. Leurs langues comportaient des mots ne pouvant se traduire que par des expressions verbales complexes. Ainsi, il leur suffisait d'un seul mot pour expliquer qu'ils étaient

« tombés soudain sur quelque chose de dur en mangeant quelque chose de mou » – une perle dans une huître, par exemple. Mais ils n'avaient pas de chiffres supérieurs à trois et estimaient que, au-delà de trois, c'était « beaucoup ».

Les Yaghan furent décimés par les maladies des Occidentaux et par les colons européens, qui coupaient les oreilles sur les cadavres afin d'empocher la récompense promise pour tout Indien mort. Le dernier Yaghan s'éteignit en 1982.

Au bruit que nous faisions en passant dans les bosquets d'ajoncs, de grosses mouettes de Magellan s'envolaient pour se poser sur l'eau, déployant leurs ailes à rayures blanches. Au sud, les montagnes semblaient plonger dans l'océan, toujours plus bas, derniers remparts visibles de la plus grande cordillère au monde, celle qui court sur quelque 7 000 km depuis les Caraïbes pour s'abîmer dans les eaux du cap Horn. Dans la lumière tourbeuse du crépuscule, nous chevauchâmes vers le massif des Dents de Navarino, au cœur de l'île, pareil à une rangée étincelante mais irrégulière de canines inférieures. Les vents polaires soufflaient depuis l'océan et l'hiver venait du Sud.

C'était il y a quinze ans. Lorsque je repense à ces moments, assise à mon bureau derrière la fenêtre dégoulinante de pluie de mon domicile londonien, le regard perdu dans la lueur soufrée des lampadaires, je revois le spectre des canoës en bois de hêtre glissant de la baie de Wulaia à celle de Douglas. Et ce n'est pas seulement un paysage que j'ai profondément aimé qui me revient en mémoire. Échouée dans une autre vie, dans cette ville où la rotondité de la Terre est à peine perceptible, je revois les espoirs et les rêves d'une jeune femme que j'ai connue là-bas, si loin, en Terre de Feu.

2

L'AIR

« Nous heurtons la paroi de l'œil du cyclone et, sur la gauche de l'appareil, les vents hurlent et grimpent à toute allure : 90, 110, 125 nœuds… L'avion se cabre. Le cisaillement du vent martèle notre P-3 de haut en bas. La pluie nous fait l'effet d'une lance d'incendie braquée sur les hublots. L'avion vibre si violemment que les chiffres, sur les cadrans des appareils de navigation, deviennent illisibles. Pourtant, au milieu de ce tohu-bohu, les voix à la radio sont calmes et posées ; chacun vaque à ses occupations en bon scientifique. Un dernier courant ascendant, sur la face interne de la paroi, vient s'écraser contre la carlingue… et, soudain, tout devient calme. Nous avons franchi la paroi et sommes maintenant au cœur du cyclone, au centre de l'œil. Le spectacle est à couper le souffle : autour de nous, les nuages forment un mur grandiose, imposant et menaçant, qui se dresse sur des milliers de mètres vers le ciel et nous encercle complètement. Au-dessus, un ciel bleu clair, en dessous, une mer furieuse et déchaînée par des vents hurlants. »

Commander Ron Philippsborn, pilote de P-3 et chasseur de cyclones au sein du National Oceanic and Atmospheric Administration Corps

LE PLUS GRAND TROU ENREGISTRÉ DANS LA COUCHE D'OZONE

Trou enregistré le 3 septembre 2000
SITUATION Au-dessus de l'Antarctique

Les premières mesures de la déplétion de l'ozone atmosphérique ne datent que de 1985. Par la suite, le trou dans la couche d'ozone s'est agrandi jusqu'à couvrir une superficie équivalente à près de trois fois l'Europe. Le 3 septembre 2000, un spectrophotomètre de la NASA détecta le plus grand trou jamais enregistré dans la couche d'ozone. Situé au-dessus de l'Antarctique, il passe par un maximum au début du printemps austral et couvrait alors 28,3 millions de km^2, soit 1 million de plus qu'en 1998. Cette inflation semble s'être stabilisée depuis, du moins pour l'instant. Mais nous ne devons pas être rassurés pour autant.

L'ozone atmosphérique se trouve essentiellement dans une couche située entre 19 et 30 km d'altitude. Il s'agit d'un gaz bleuté qui représente à peine 1/1 000 000 de l'atmosphère, mais qui absorbe les rayons ultraviolets du Soleil mieux qu'aucun autre. Sans lui, l'augmentation des rayons ultraviolets qui atteignent la surface de la Terre aurait des conséquences néfastes pour notre santé, la végétation et la vie aquatique et modifierait radicalement le climat de la planète.

La grande menace qui pèse sur la couche d'ozone vient des aérosols produits par l'homme, les chlorofluorocarbures (CFC), qui modifient la combinaison moléculaire de l'ozone lorsqu'il est soumis à des rayons ultraviolets. Les CFC ont été interdits – en théorie du moins – au niveau international en 1987, mais le trou de la couche d'ozone ne cesse de grandir. Selon les experts, même si la production de CFC était brusquement stoppée, il faudrait plusieurs décennies pour reconstituer la couche d'ozone et retrouver une concentration satisfaisante.

Les trous dans la couche d'ozone sont des phénomènes saisonniers, qui se résorbent en été et se manifestent au-dessus des pôles dès l'hiver jusqu'au printemps. On a observé que la diminution de la couche d'ozone s'accompagnait d'une recrudescence des cancers de la peau et des cataractes, affections qui peuvent entraîner la cécité. Les animaux vivant à haute altitude, comme la vigogne, et les habitants des régions antarctiques, ceux de la pointe sud du Chili, par exemple, en sont les premières victimes.

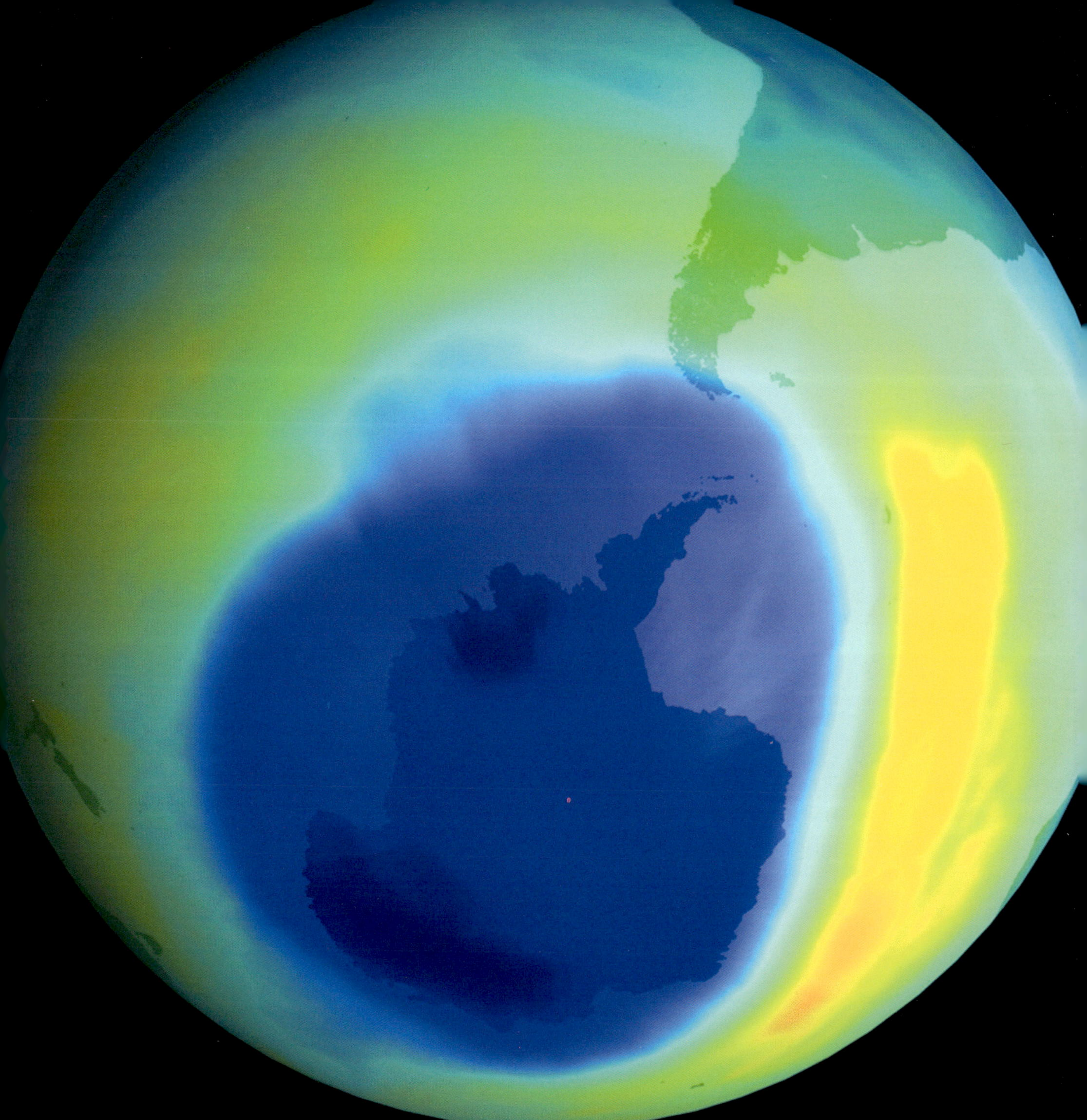

Il en va de la couche d'ozone comme de la mondialisation : les problèmes nés au Nord touchent plus durement le Sud. La déplétion de l'ozone se produit selon deux schémas et est souvent attribuée à l'utilisation des chlorofluorocarbures (CFC). Elle se traduit par un plus fort rayonnement ultraviolet, nocif pour les êtres vivants puisqu'il attaque l'ADN cellulaire.

Les aurores boréales de l'hémisphère Nord
Les aurores australes de l'hémisphère Sud

SITUATION Régions polaires

Halos électromagnétiques pour les savants, sources d'inspiration pour les poètes, les aurores polaires doivent leur nom à la déesse romaine Aurore.

Le phénomène est identique à l'écran d'un téléviseur, qui s'illumine de différentes couleurs lorsqu'il est bombardé par des électrons : lorsqu'elles entrent en collision avec les atomes d'oxygène et d'azote de la haute atmosphère – de 100 à 400 km d'altitude –, les particules chargées émises par le Soleil embrasent le ciel nocturne de tons irréels dans les verts et les rouges.

Dans les trois états – solide, liquide et gazeux – que peut prendre la matière, les électrons sont distribués autour d'un noyau central. Mais, dans l'univers, 99 % de la matière n'est ni solide, ni liquide, ni gazeux, mais à l'état de plasma. On parle de plasma lorsque la chaleur est telle que les électrons sont arrachés de leurs atomes : les noyaux flottent alors dans un océan d'électrons. Ce sont, autour de nous, le feu, les éclairs, le chalumeau du carrossier et, bien sûr, le Soleil, qui n'est autre qu'une immense bombe H charriant 1 million de tonnes de particules ionisées à la seconde. Ce plasma peu concentré, composé d'électrons et de noyaux d'hydrogène, constitue ce qu'on appelle le « vent solaire ».

Le vent solaire souffle vers la Terre à la vitesse moyenne de 400 km/s. Lors du passage de la comète de Halley, en 1986, on a pu observer que sa queue, entraînée par le vent solaire, se trouvait toujours dans la direction opposée au Soleil.

La Terre est entourée d'une bulle magnétique géante en forme de larme. La face la plus proche du Soleil est exposée de plein fouet au vent solaire qui la compresse, de sorte qu'elle ne se trouve qu'à 60 000 km de l'atmosphère. L'autre face, en revanche, aspirée par le vent solaire, en est distante de 6 millions de kilomètres. Cette bulle, qui protège la Terre des particules ionisées déferlant à grande vitesse depuis le cosmos, présente des trous au niveau des pôles magnétiques Nord et Sud.

Les aurores se forment dans deux cas de figure. D'abord, lorsque le vent solaire parvient à s'insinuer peu à peu dans notre bulle magnétique, qui se déforme à la façon d'un élastique avant de reprendre brutalement sa forme initiale : les particules chargées s'enflamment alors dans la haute atmosphère avoisinant les pôles, et on assiste à deux aurores simultanées.

Ensuite, lorsque la couronne solaire émet des bulles géantes de plasma, qui viennent déformer les champs magnétiques. Ces bulles traversent l'espace à la vitesse de 800 km/s et, lorsqu'elles viennent frapper la haute atmosphère, c'est un véritable feu d'artifice ! Certaines, plus gigantesques encore, se déplacent à la vitesse stupéfiante de 100 000 km/s et leur température – 1 000 000 °C – permettrait de faire bouillir un lac grand comme plusieurs centaines de fois l'Australie. Le Soleil en produit plusieurs fois par mois, mais, par chance, la plupart passent à côté de notre planète.

Karl S. Kruszelnicki

Dans une aurore polaire, la lueur bleu-vert est due à l'excitation des atomes d'oxygène, la lueur rose à celle des atomes d'azote. Au début du XXe siècle, le Norvégien Olaf Birkeland fut le premier à expliquer ce phénomène lumineux, qui apparaît dans la littérature classique de la Grèce antique et de la Chine, dans l'Ancien Testament et dans les sagas scandinaves.

Les Inuits désignent l'aurore boréale par le mot *arsarnerit*, qui signifie « jouer au ballon ». Ils croyaient autrefois que le phénomène se déclenchait lorsque leurs ancêtres jouaient au ballon avec un crâne de morse, et qu'il suffisait de siffler pour

attirer les lueurs vers la Terre ou d'aboyer pour les en éloigner. Les aurores polaires sont sacrées pour la plupart des peuples du Grand Nord, qui les considèrent comme des présents que leur envoient leurs défunts pour éclairer les longues nuits polaires.

LE SITE LE PLUS ORAGEUX DU MONDE

Kampala
SITUATION Ouganda, Afrique de l'Est
COORDONNÉES 0° 19′ 00″ N | 32° 35′ 00″ E

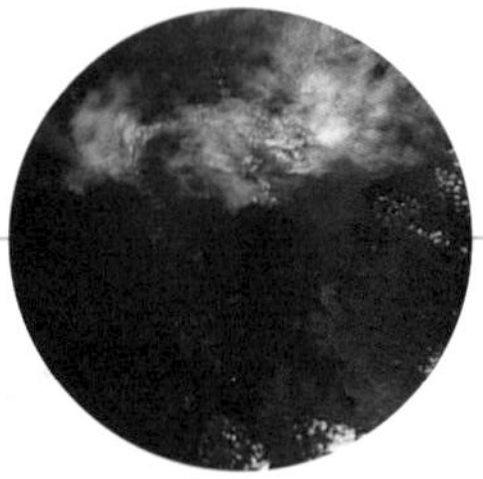

Dans la mythologie classique, la foudre est l'emblème du pouvoir des dieux sur la Terre et le Ciel. En Scandinavie, les éclairs étaient attribués au redoutable marteau du dieu Thor. Celui-ci traversait les cieux à bord d'un char tiré par deux boucs, et le tonnerre n'était autre que le bruit de ses roues. Les Scandinaves adoraient Thor pour les pluies, bienfaisantes pour les récoltes, que son char déclenchait en passant au-dessus de leurs champs. Pour les Grecs, c'était Zeus (ou Jupiter pour les Romains) qui maîtrisait la foudre.

Échange rapide et violent d'énergie, la foudre excite aussi l'imagination des scientifiques. Qu'elle se produise entre deux nuages chargés de pluie ou entre un nuage et la Terre, la foudre est une décharge d'énergie électrique haute tension entre deux masses, l'une chargée négativement, l'autre positivement. Il peut s'agir, pour cette dernière, d'un nuage, d'un bâtiment, d'un mât de bateau ou de la hampe d'un drapeau, d'un sommet montagneux ou de la cime d'un arbre, d'un être humain aussi. La longueur moyenne d'un éclair est de 800 m, mais certains peuvent atteindre 30 km. Il ne dure généralement que quelques dixièmes de seconde, mais suffit à porter l'air environnant à une température voisine de 30 000 °C, cinq fois celle qui règne dans la chromosphère, à la surface du Soleil ! Le coup de tonnerre qui l'accompagne est dû à la dilatation et à la vibration de l'air. On l'entend généralement après avoir vu l'éclair, du fait que le son se propage moins vite que la lumière.

Il se produit entre 70 et 100 éclairs par seconde dans le monde, soit environ 8 millions par jour. Mais le record du site le plus orageux de la planète est détenu par Kampala, capitale de l'Ouganda, qui totalise en moyenne 290 jours d'orage par an.

« Il n'y a que trois choses qui peuvent tuer un paysan : la foudre, les roues d'un tracteur et le grand âge. »

Bill Bryson

La foudre est une décharge électrique, et il est probable que c'est la foudre qui amorça le phénomène d'évolution à partir de la soupe primitive. En 1786, Luigi Galvani découvrit que les membres d'une grenouille morte se contractent sous l'effet d'une décharge électrique. En 2001, l'universitaire Pascal Simonet parvint à échanger l'ADN des bactéries à l'aide d'arcs électriques.

Sir Ranulph Fiennes

PÔLE SUD

L'Antarctique est le plus élevé et le plus sec de tous les continents : un désert au sens propre du terme. Comme l'épaisseur de la troposphère n'y est que de 8 000 m, c'est comme si l'on se trouvait sur les pentes de l'Himalaya, à 4 900 m d'altitude. Le froid est tel que, à la faveur d'un simple battement de paupières, les larmes gèlent sur les cils. Il faut alors retirer ses gants pour faire fondre le glaçon ou l'écraser du bout des doigts, si bien que, à la fin d'une expédition en Antarctique, on revient avec moins de cils qu'en partant !

Nous avons entamé la traversée du continent en novembre 1992. Je pesais alors 90 kg, et le traîneau de vivres que je tirais en faisait 219. Personne n'avait encore entrepris une traversée sans assistance avec une charge aussi lourde : cela revenait à courir trois marathons par jour pendant 97 jours sans le moindre repos. Autant dire qu'on en ressort amaigri… Très amaigri. D'autant que nous consommions 5 000 calories par jour, mais que nous en brûlions 8 000. Soit un déficit de 3 000 calories par jour. Votre partenaire doit également faire montre d'une grande tolérance car, dans un aussi long périple, il est fort probable qu'au moins l'un d'entre vous sera victime d'une gangrène ou attrapera des champignons au niveau de l'entrejambe, deux affections qui rendent extrêmement irascible.

Mon compagnon, le Dr Mike Stroud, l'un des meilleurs physiologistes européens, étudiait la nutrition en état de stress. Il nous faisait des injections d'un précieux liquide, que nous récupérions dans nos urines puis traitions en centrifugeuse, le tout sous la tente !

La route qui mène au pôle Sud traverse le continent en s'élevant progressivement de plus de 3 000 m. Dans le cadre d'une expédition telle que cette traversée polaire, mes aspirations se situaient aux antipodes de celles d'un touriste classique, friand de montagnes imposantes se dressant dans des paysages grandioses. Je préférais, quant à moi, les

Soudain, les explosions s'enchaînèrent tandis que des crevasses s'ouvraient, ensevelissant d'énormes pans de glace superficielle et projetant latéralement d'immenses panaches de neige.

étendues immaculées à perte de vue sur lesquelles il est possible de repérer la plus petite ombre ou le moindre reflet bleu susceptible de dissimuler un obstacle : dans l'Antarctique, il y a de grandes chances qu'il s'agisse d'une crevasse.

Lors de notre expédition antarctique de 1979, nous partîmes pour le pôle depuis la station sud-africaine de Sanae et étions les premiers à nous aventurer dans cette partie du continent. Les régions que nous traversions n'avaient jamais été cartographiées, et personne ne put nous dire comment éviter les immenses champs de crevasses qui, avec plus de 60 m de profondeur, représentent pour l'explorateur un danger mortel. Les crevasses deviennent particulièrement traîtres lorsque la neige s'accumule en surface pour former un pont. Depuis un avion, on peut encore distinguer quelques plis dans la couche de neige mais, vus du sol, ces plis apparaissent comme une légère imperfection de surface.

Dix jours durant, en 1993, nous fûmes confrontés à un phénomène très troublant que nous n'avons jamais élucidé. Nous progressions à skis, tirant nos traîneaux sur la calotte glaciaire, quand une brusque explosion fit vibrer la neige sous nos pieds.

Dans l'océan Arctique, autour du pôle Nord, des morceaux de pack dérivants de plusieurs millions de tonnes s'entrechoquent avec de terribles grondements et grincements. Dans l'Antarctique, en revanche, on n'entend que le vent, le frottement du traîneau que l'on tire et les battements de son propre sang sous le passe-montagne. Si bien que ce bruit assourdissant au milieu du silence nous figea de stupeur. Soudain, les explosions s'enchaînèrent tandis que des crevasses s'ouvraient, ensevelissant d'énormes pans de glace superficielle et projetant latéralement d'immenses panaches de neige. Cela avait tout de l'attaque au mortier : nous ne savions pas où allait se produire la prochaine explosion et n'avions nulle part où nous abriter. À un certain moment, un gouffre de 36 m de large s'ouvrit entre nous. Personne ne sut jamais nous expliquer ce qui s'était passé ni même de quoi il s'agissait. Ce n'était pas une avalanche. Le sol s'était simplement ouvert sans raison apparente.

Autre problème spécifique à l'Antarctique : lorsque se produit un changement de température, l'air chaud s'élève et cède la place à de l'air froid qui génère, le long des pentes descendantes, des vents catabatiques dont la vitesse peut atteindre 305 km/h. Si vous vous trouvez au sommet d'un plateau, vous ne risquez rien mais, si vous vous trouvez sur une pente – ce qui est très fréquent dans l'Antarctique, où l'altitude peut varier de 1 500 m sur moins de 100 km –, le vent peut souffler à 160 km/h en l'espace de quelques minutes et vous avez intérêt à bien arrimer votre tente !

En 1993, cela faisait soixante jours que nous marchions lorsque le vent fit chuter la température à –67 °C. Mike fit une crise d'hypothermie, situation que l'on ne sent jamais arriver soi-même. Les symptômes les plus courants sont des troubles du langage et une démarche titubante, mais il arrive, dans les cas sévères, que les gens s'effondrent brutalement dans la neige. Mike eut de la chance. Une fois la crise passée, il perdit la mémoire pendant une heure.

La gangrène nous toucha tous les deux. Nous savions que nous devrions subir une amputation, mais ne savions pas à quel niveau. Pourtant, nous nous considérons toujours comme des privilégiés et sommes heureux de compter parmi les vrais explorateurs, à la différence des aventuriers qui participent à une expédition. Nous savons que nous sommes parmi les tout derniers explorateurs, pour la simple raison qu'il n'y a plus grand-chose à explorer à la surface du globe et que les endroits vierges sont devenus très rares. On peut dire, dans ce sens, que la Terre n'a plus de secrets.

LES PLUS FORTES CHUTES DE NEIGE ENREGISTRÉES

COUCHE DE NEIGE LA PLUS ÉPAISSE **11,5 m** | 13 mars 1911
SITUATION **Tamarac, Californie, États-Unis**
COORDONNÉES 38° 26′ 20″ N | 120° 04′ 30″ O

PLUS GRANDE TEMPÊTE DE NEIGE **13-19 février 1956**
SITUATION **Domaine skiable du mont Shasta, Californie, États-Unis**
COORDONNÉES 41° 19′ 20″ N | 122° 12′ 07″ O

Petites précisions sur la neige en guise d'introduction : la neige se forme dans les couches supérieures les plus froides des nuages. Les flocons de neige sont dus à la congélation brutale de vapeur et de gouttelettes d'eau qui cristallisent autour de noyaux microscopiques sous une infinité de formes différentes. Ces cristaux nous paraissent blancs, car ils agissent comme des prismes qui diffractent la lumière dans toutes les directions.

La plus forte accumulation de neige jamais observée fut enregistrée le 11 mars 1911 à Tamarac, en Californie, où l'on mesura une couche de 11,5 m d'épaisseur.

La plus grande tempête de neige enregistrée est due au blizzard qui souffla sans interruption du 13 au 19 février 1959 sur le domaine skiable du mont Shasta, en Californie, qui se couvrit d'une couche de neige de 4,8 m d'épaisseur.

« La nature ne connaît aucune forme de pitié. La nature se dit simplement qu'elle va neiger. »

Maya Angelou

L'ENDROIT LE PLUS PLUVIEUX DU MONDE

Mawsynram, Meghalaya
SITUATION Nord-est de l'Inde
COORDONNÉES 25° 18′ 00″ N | 91° 35′ 00″ E

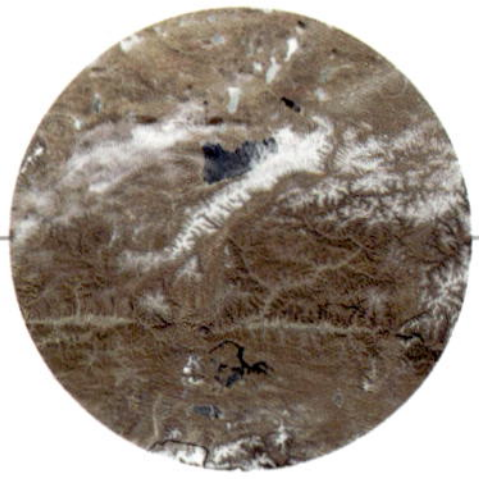

La moyenne des précipitations annuelles à Mawsynram, dans l'État indien du Meghalaya que borde au nord le massif de l'Himalaya, est d'environ 12 000 mm. Un chiffre qui ridiculise les précipitations enregistrées dans des endroits considérés pourtant comme très pluvieux, tels que Londres, avec 750 mm par an, La Nouvelle-Orléans, avec 1 770 mm par an, ou Singapour, avec 2 150 mm par an. Même le mont Waialeale, sur l'île de Kauai, dans l'archipel des Hawaii, avec ses 350 jours de pluie par an et ses 10 000 mm de précipitations moyennes, est encore loin du compte !

Le record mondial de pluviosité était détenu il y a encore peu de temps par le site de Cherrapunji (ci-contre), voisin de Mawsynram, qui fut déclassé à la faveur des changements climatiques mais n'a rien perdu de sa beauté naturelle. Perché à quelque 1 400 m d'altitude, il surplombe des vallées noyées de brume et des rivières bouillonnantes. Située au Meghalaya, dont le nom signifie « séjour des nuages », Cherrapunji totalise, comme Mawsynram, plus de 11 000 mm de précipitations moyennes, avec des pics de mai à septembre. Un record de 23 000 mm fut même enregistré en 1861 en un seul mois !

Ces régions ne connaissent qu'une seule saison, celle de la mousson. Ce sont les seuls endroits de la Terre où les précipitations – qu'elles soient fortes, moyennes ou légères – s'expriment en mètres et non en millimètres. Il y pleut surtout la nuit.

L'ENDROIT LE PLUS VENTÉ DU MONDE

La baie du Commonwealth

SITUATION Nord-est du continent antarctique
COORDONNÉES 66° 54′ 00″ S | 142° 40′ 00″ E

L'Antarctique est le continent le plus haut, le plus sec et le plus froid, mais aussi, et surtout, le plus venté. Le vent est, par définition, le mouvement d'air latéral qui se produit dans l'atmosphère, depuis une zone de haute pression vers une zone de basse pression, du fait de l'irrégularité de l'échauffement solaire. L'endroit le plus venté du monde est la baie du Commonwealth, sur la côte orientale de l'Antarctique, où la vitesse des vents catabatiques dépasse souvent 300 km/h.

Pour comparer, les rafales que l'on appelle « coups de vent » dans l'échelle anémométrique de Beaufort, celles qui cassent les branches d'arbres et nous empêchent de marcher dans la rue, ne dépassent pas 74 km/h. Quant aux vents supérieurs à 118 km/h, ils méritent déjà le nom d'« ouragans ».

Lorsqu'elles atteignent l'Antarctique, les brises humides nées sous les tropiques se sont transformées en rafales d'air sec et glacé. Les vents catabatiques effleurent le plateau polaire central puis dévalent les pentes, gagnant en vitesse à mesure qu'ils approchent du littoral. C'est en partie du fait de ces vents que la température moyenne du haut plateau central de l'Antarctique est de –55 °C.

Mais le record de la rafale la plus violente a été enregistré le 12 avril 1934 sur le mont Washington, dans le New Hampshire, qui culmine à 1 917 m et où l'on a mesuré des vents de 372 km/h ! À basse altitude, le record a été enregistré le 8 mars 1972 sur la base aérienne américaine de Thulé, au Groenland, avec des vents de 333 km/h.

« Il est plus simple de penser que, lorsqu'il transporte un cri jusqu'à nos oreilles, le vent nous fait partager un peu de l'émotion divine que de réduire l'amplification mystérieuse du murmure d'un ouragan au choc aléatoire de molécules inertes. »

Norman Mailer

Cette tente fauchée par les bourrasques antarctiques et à moitié ensevelie sous la neige témoigne de la violence des vents qui balaient le continent austral. Elle ne peut plus désormais offrir aucun abri et nous rappelle les souffrances qu'endurèrent

les explorateurs polaires. Elle redonne aussi tout son sens à la phrase que prononça, en quittant la tente pour la dernière fois, le capitaine Oates, conscient de retarder l'expédition Scott : « Je sors, mais je risque d'en avoir pour un certain temps. »

L'ENDROIT LE PLUS FROID DU MONDE

La station scientifique de Vostok

SITUATION Centre du plateau antarctique oriental
COORDONNÉES 78° 28′ 00″ S | 106° 49′ 00″ E

Si l'Antarctique était un cocktail, il faudrait l'appeler *ice on the rocks,* car la glace y couvre 98 % des terres émergées. Le continent recèle à lui seul 90 % de la glace mondiale, soit 70 % de l'eau douce disponible à la surface du globe. Le plus grand bloc de glace du monde est constitué par la calotte glaciaire de l'Antarctique oriental dont l'épaisseur est comparable à la hauteur des Alpes. L'épaisseur de glace la plus grande – 4 776 m – fut mesurée par un avion équipé d'un échosondeur dans l'Antarctique oriental, non loin de l'endroit découvert par l'Américain Charles Wilkes, qui suggéra alors que l'Antarctique était un continent.

Les icebergs bleutés et les majestueux glaciers font de l'Antarctique un endroit magnifique. Mais les superbes paysages que de rares touristes viennent admirer durant l'été austral sont bien hospitaliers comparés aux hauteurs du plateau central, où les températures hivernales oscillent entre –50 °C et –60 °C.

C'est sur ce plateau, dans la station polaire russe de Vostok, située à 150 km du pôle Sud magnétique et appelée aussi station du Plateau, qu'a été mesurée la température la plus basse jamais observée sur Terre. On y a enregistré, dans la nuit polaire du 21 juillet 1983, au cours d'une tempête, la température de –89 °C. Il est difficile d'imaginer un froid aussi sévère. Toutefois, nous sommes loin du zéro absolu (–273 °C), que l'on ne trouve qu'aux confins du cosmos.

On imagine l'Antarctique comme une immense banquise sans relief, mais la station de Vostok se trouve à 3 500 m d'altitude. L'oxygène y est plus rare qu'au pôle, et même la marche devient un exercice difficile. Le réalisateur de télévision Jonathan Renouf se souvient que cet air raréfié rendit impossible l'enregistrement du sifflement du vent antarctique autour de la base.

L'ENDROIT LE PLUS INHOSPITALIER DU MONDE

La dépression des Danakil

SITUATION À cheval entre l'Érythrée et l'Éthiopie

COORDONNÉES 12°-15° N | 40°-42° E

Située dans la Corne de l'Afrique, la dépression des Danakil – ou dépression des Afar, selon le nom attribué aux nomades qui la peuplent – est un désert aride et brûlant dont la monotonie est rompue par quelques montagnes isolées et de rares acacias épineux. Ces terres basses qui prolongeaient autrefois le plancher de la mer Rouge sont aujourd'hui recouvertes de vastes plaines salées émaillées de champs de soufre jaunes et brûlants.

Pendant les trois quarts de l'année, il n'y pleut pas une goutte, et les maigres filets d'eau ruisselant des hauteurs sont absorbés par les lacs salés. Le vent, sec et brûlant, ne tempère pas la chaleur. La partie sud de la région, d'origine volcanique, est tapissée d'anciennes coulées de lave et de cônes tronqués. Elle reste sujette aux séismes, et il arrive souvent que la terre surchauffée se mette à trembler. Cette dépression, qui se situe par endroits à 120 m au-dessous du niveau de la mer mais qui, exceptionnellement, n'est pas inondée, est l'un des endroits les plus chauds du globe. L'air qui s'y emmagasine comme dans un four peut atteindre 50 °C.

La Vallée de la Mort, en Californie, arrive en deuxième position pour les records de chaleur. Composée de dunes et de roches volcaniques qui attirent un grand nombre de touristes, cette région brûlée par le soleil peut atteindre une température de 49 °C. On y trouve encore des lacs salés, dont une étendue déchiquetée appelée « Terrain de golf du Diable », car trop inhospitalière pour l'homme.

« Que fais-je ici ? »

Rimbaud, dans une lettre qu'il envoya d'Abyssinie

Les Afar ont su s'adapter à la chaleur accablante de la dépression des Danakil. Ces nomades vivent dans des huttes hémisphériques faites de palmes tressées et se nourrissent d'un régime frugal à base de lait caillé et de bouillie de farine de blé dur.

Patricia Moehlman

DANAKIL

Nur Heelo est un homme grave et digne à la silhouette élancée, qui vit dans le désert de Danakil. Un jour que nous discutions de la nécessité de protéger la faune, et plus particulièrement l'âne sauvage d'Afrique, il me conta la parabole de la femme traversant une rivière en crue avec son jeune fils, qu'elle portait sur la hanche tant qu'elle avait de l'eau jusqu'aux genoux. Lorsque l'eau se mit à monter, elle plaça son enfant sur ses épaules, puis sur sa tête. Mais, l'eau continuant à monter, c'est elle qui, finalement, monta sur son enfant. Cette fable me rappela à quel point la vie est dure dans les Danakil. Dure au point que l'instinct de survie vous impose parfois des choix terribles.

C'est dans le désert des Danakil que commence la vallée du Rift est-africain, le fossé d'effondrement qui court de la mer Rouge au Zimbabwe. Vu du haut d'un dyke de lave, le paysage qui s'étend vers l'est est austère, aride, effrayant. Il est fait de volcans actifs et de longues murailles de lave acérées dominant des vallées au sol alcalin brûlé par le soleil.

L'eau est ici aussi rare que précieuse. Les précipitations annuelles oscillent entre 0 et 20 mm, et chacun doit planifier ses activités avec soin. Même durant les mois les plus frais, de décembre à février, la température grimpe jusqu'à 46 °C. Pour les voyageurs venant de pays plus tempérés, l'environnement est redoutable, mais les Afar, les bergers nomades qui peuplent les Danakil, n'en connaissent pas d'autre. Après plus de dix ans de travail comme biologiste dans la région, j'en suis venue à voir le pays avec leurs yeux : avec ses montagnes bleues déchiquetées, ses vallées au sol pâle et sablonneux, ses herbes maigres, le paysage est désolé mais superbe.

Les Afar jouirent longtemps d'une terrible réputation, inspirant la crainte des peuples voisins et des explorateurs européens. Mais le terrain se révéla toujours plus dangereux que les redoutés Afar, et les voyageurs moururent plus souvent de faim ou de soif que victimes d'une embuscade. Les Afar sont aujourd'hui éleveurs de chameaux, de moutons et de chèvres, voire de bovins lorsqu'ils vivent à proximité d'un bon point d'eau. Nomades, ils emmènent leur bétail vers les vallées qui bénéficient de quelques pluies et où pousse une végétation halophile. Les rares acacias n'y sont guère plus grands que des buissons, mais fournissent du fourrage et de l'ombre aux heures les plus chaudes de la journée.

En dépit des apparences, le désert des Danakil recèle de l'eau pour ceux qui savent la chercher. Près du plateau du Messir se trouve un étang d'une vingtaine de mètres de diamètre, dont l'eau est pure et peut se boire sans danger. Les Afar prélèvent l'eau de l'étang avec soin, puis la répartissent méticuleusement entre les abreuvoirs destinés à leurs bêtes, les bassins réservés à la lessive et les sacs de toile qu'ils ramèneront au village. Leur campement se compose de huttes au toit en dôme avec des soutènements cintrés en bois couverts de nattes tressées. Les formes d'habitat plus sédentaire intègrent des cadres rectangulaires couverts de nattes et de chaume. Tous offrent de la fraîcheur et un refuge contre la chaleur infernale du soleil. Mais pour tous ceux – hommes, femmes et enfants – qui mènent les moutons et les chèvres brouter sur les pentes rocheuses, les journées sont longues. Selon les projections démographiques, la population africaine devrait avoir doublé dans vingt-cinq ans. Pas dans les Danakil, où elle stagnera sans doute, en raison du manque de ressources et de la rigueur de l'environnement.

Ce désert abrite aussi l'une des espèces animales les plus menacées. L'habitat naturel de l'âne sauvage d'Afrique (*Equus africanus*) s'étend de la mer Rouge en Érythrée jusqu'à la rivière Awash, en Éthiopie, en passant par la dépression de Dallol, au nord, l'un des endroits les plus secs au monde. Situé à plus de 122 m au-dessous du niveau de la mer, le sol est des plus salins et les températures peuvent atteindre 57 °C. On y trouve des oursins fossilisés, preuve que la mer Rouge s'étendait autrefois jusqu'ici.

L'âne sauvage africain est un équidé maigre et musculeux dont la robe gris argenté reflète le soleil. C'est le plus grand mammifère sauvage du désert, et sa taille, sa vitesse et son endurance inspirent le respect aux peuples indigènes. Revers de la médaille, ces derniers attribuent des vertus médicinales aux organes, à la viande et aux os de l'animal, une des raisons pour lesquelles la population a chuté de 90 % ces vingt dernières années.

Mais les efforts de protection ne sont pas restés vains : en Éthiopie, les chefs afar en ont interdit la chasse. En Érythrée, les Afar ont préservé la tradition consistant à partager les ressources avec la faune sauvage, si bien que l'âne peut aller librement se nourrir et s'abreuver dans les points d'eau. La vie est dure et rien n'est jamais acquis mais, comme on dit ici, *kes ilu zikeyid bizuh yikeyid* – « qui va lentement arrive loin ».

LES RECORDS CLIMATIQUES DANS LE MONDE

NOTE Les records de précipitations indiqués pour l'Amérique du Sud, l'Asie et l'Antarctique correspondent à des chutes de neige

AMÉRIQUE DU NORD

RECORD DE CHALEUR 56,7 °C | 10 juillet 1913
VALLÉE DE LA MORT | **ALTITUDE** -54 m

RECORD DE FROID -63 °C | 3 février 1947
SNAG, YUKON, CANADA | **ALTITUDE** 646 m

RECORD DE PRÉCIPITATIONS 6 500 mm | Moyenne sur 14 ans
LAC HENDERSON, COLOMBIE-BRITANNIQUE | **ALTITUDE** 4 m

RECORD DE SÉCHERESSE 30 mm | Moyenne sur 14 ans
BATAGUES, MEXIQUE | **ALTITUDE** 5 m

AMÉRIQUE DU SUD

RECORD DE CHALEUR 49 °C | 11 décembre 1905
RIVADAVIA, ARGENTINE | **ALTITUDE** 206 m

RECORD DE FROID -33 °C | 1er juin 1907
SARMIENTO, ARGENTINE | **ALTITUDE** 268 m

RECORD DE PRÉCIPITATIONS 13 310 mm | Moyenne sur 29 ans
LLORO, COLOMBIE | **ALTITUDE** 158 m

RECORD DE SÉCHERESSE < 7 mm | Moyenne sur 59 ans
ARICA, CHILI | **ALTITUDE** 29 m

AFRIQUE

RECORD DE CHALEUR 58 °C | 13 septembre 1922
EL AZIZIA, LIBYE | **ALTITUDE** 112 m

RECORD DE FROID -24 °C | 11 février 1935
IFRANE, MAROC | **ALTITUDE** 1 635 m

RECORD DE PRÉCIPITATIONS 10 287 mm | Moyenne sur 32 ans
DEBUNDSCHA, CAMEROUN | **ALTITUDE** 9 m

RECORD DE SÉCHERESSE < 3 mm | Moyenne sur 39 ans
WADI HALFA, SOUDAN | **ALTITUDE** 125 m

EUROPE

RECORD DE CHALEUR 50 °C | 4 août 1881
SÉVILLE, ESPAGNE | **ALTITUDE** 8 m

RECORD DE FROID -55 °C | janvier (année indéterminée)
UST'SHCHUGOR, RUSSIE | **ALTITUDE** 85 m

RECORD DE PRÉCIPITATIONS 4 648 mm | Moyenne sur 25 ans
CRKVICA, BOSNIE-HERZÉGOVINE | **ALTITUDE** 1 017 m

RECORD DE SÉCHERESSE 162 mm | Moyenne sur 13 ans
ASTRAKHAN, RUSSIE | **ALTITUDE** 14 m

AUSTRALIE

RECORD DE CHALEUR 53 °C | 16 janvier 1889
CLONCURRY, QUEENSLAND | **ALTITUDE** 190 m

RECORD DE FROID -23 °C | 29 juin 1994
CHARLOTTE PASS, NOUVELLE GALLES DU SUD | **ALTITUDE** 1 755 m

RECORD DE PRÉCIPITATIONS 8 636 mm | Moyenne sur 9 ans
BELLENDEN KER, QUEENSLAND | **ALTITUDE** 1 555 m

RECORD DE SÉCHERESSE 103 mm | Moyenne sur 42 ans
MULKA (TROUDANINNA), AUSTRALIE MÉRIDIONALE | **ALTITUDE** 49 m

ASIE

RECORD DE CHALEUR 54 °C | 21 juin 1942
TIRAT TSVI, ISRAËL | **ALTITUDE** –220 m

RECORD DE FROID -68 °C
OIMYAKON, RUSSIE | **ALTITUDE** 800 m | 6 février 1933
VERKHOÏANSK, RUSSIE | **ALTITUDE** 107 m | 7 février 1892

RECORD DE PRÉCIPITATIONS 11 871 mm | Moyenne sur 38 ans
MAWSYNRAM, INDE | **ALTITUDE** 1 401 m

RECORD DE SÉCHERESSE 46 mm | Moyenne sur 50 ans
ADEN, YÉMEN | **ALTITUDE** 7 m

ANTARCTIQUE

RECORD DE CHALEUR 15 °C | 5 janvier 1974
STATION NÉO-ZÉLANDAISE DE VANDA | **ALTITUDE** 15 m

RECORD DE FROID -89 °C | 21 juillet 1983
STATION RUSSE DE VOSTOK | **ALTITUDE** 3 420 m

RECORD DE SÉCHERESSE 20 mm | Moyenne sur 10 ans
STATION AMÉRICAINE AMUNDSEN-SCOTT, PÔLE SUD | **ALTITUDE** 2 800 m

LES TORNADES LES PLUS VIOLENTES DU MONDE

VENTS LES PLUS FORTS **508 km/h** | 3 mai 1999
SITUATION **Bridge Creek, Oklahoma, États-Unis**
COORDONNÉES 35° 14′ 06″ N | 97° 44′ 11″ O

TORNADE LA PLUS MEURTRIÈRE **La tornade des trois États** | 18 mars 1925
SITUATION **Missouri, Illinois et Indiana, États-Unis**

TORNADE LA PLUS GIGANTESQUE **La super-tornade** | 3 et 4 avril 1974
SITUATION **Treize États des États-Unis**

Les vents hurlants et tourbillonnants d'une tornade font autant de bruit qu'un train de marchandises. Mais, si vous avez le malheur de vous trouver un jour sur le passage de l'une de ces colonnes d'air dévastatrices, vous penserez plus à courir qu'à analyser le bruit qu'elle peut faire. Les tornades mesurent en moyenne 200 m de diamètre et avancent à une vitesse de 50 km/h, mais ne parcourent généralement qu'une dizaine de kilomètres. Si brefs soient-ils, ces phénomènes sont aussi destructeurs que de grosses tempêtes. L'Inde, l'Australie, la Russie et l'Argentine sont sujettes aux tornades, mais ce sont les États-Unis qui détiennent le record avec huit cents tornades par an en moyenne, quatre-vingts morts et plus de mille cinq cents blessés.

Comme la grêle et les vents violents, les tornades se forment lorsqu'une masse d'air froid et sec entre en contact avec une masse d'air chaud et humide en provoquant un orage. Aux États-Unis, près d'un orage sur cent donne naissance à une tornade. Lorsque, dans les couches supérieures de l'atmosphère, soufflent des vents plus forts que dans la couche inférieure, il se crée dans cette couche inférieure un tourbillon horizontal invisible. Quand l'énergie des mouvements ascendants devient suffisante pour permettre à ce tourbillon de passer l'obstacle, il jaillit brutalement dans les couches supérieures et donne naissance à de fortes cellules convectives susceptibles de provoquer le déclenchement d'une tornade. Tournant dans le sens des aiguilles d'une montre dans l'hémisphère Sud et dans le sens inverse dans l'hémisphère Nord, les tornades aspirent et recrachent tout sur leur passage : voitures, cars, maisons, bétail, forêts, etc.

Les vents les plus rapides jamais enregistrés dans une tornade ravagèrent Bridge Creek, dans l'Oklahoma, le 3 mai 1999, en soufflant à 508 km/h. La tornade la plus meurtrière de l'histoire fut celle dite « des trois États », qui frappa le Missouri, l'Illinois et l'Indiana en 1925. Avançant à la vitesse de 100 km/h, elle creusa un sillon long de 350 km, la plus longue trace au sol jamais laissée par une tornade, et fit 695 morts et 2 027 blessés, ainsi que des millions de dollars de dégâts.

La « super-tornade » des 3 et 4 avril 1974 fut encore plus violente, quoique moins meurtrière : 148 tornades traversèrent en 16 heures treize États des États-Unis. Elles parcoururent au total plus de 4 000 km, faisant 315 morts et 5 300 blessés. Au plus fort de l'événement, 15 tornades balayaient le sol en même temps, dont 6 avec des vents allant de 420 à 514 km/h.

Dans *Le Souffle d'Éole-Une histoire naturelle du vent,* Lyall Watson raconte les scènes cocasses auxquelles ont assisté les témoins de tornades : des chevaux qui furent soulevés sur 3 km et atterrirent indemnes alors que d'autres se retrouvèrent à califourchon sur le toit d'une grange ; une vachère qui resta assise devant le seau à traire tandis que sa vache était emportée

par le vent ; un troupeau entier qui s'envola comme une nuée d'oiseaux géants dans le ciel. Il rappelle aussi l'aspect sauvage du phénomène : « Hommes et bêtes se retrouvent souvent mutilés ou estropiés, décapités ou empalés par une poutre volante, aspirés puis recrachés par une cheminée, le corps dévêtu et la peau profondément incrustée d'une boue d'un noir de jais. »

LA PLUS GRANDE DÉFORESTATION NATURELLE CONNUE

La tempête des 26 et 27 décembre 1999

SITUATION France, Allemagne et Autriche

COORDONNÉES Paris 48° 50′ N | 02° 20′ E

En 1999, le lendemain de Noël, plusieurs régions de France furent balayées par la tempête Lothar, qui dévasta plusieurs centaines de milliers d'hectares de forêt, faillit ruiner l'industrie du bois et priva plusieurs milliers d'habitants d'électricité pendant des semaines. Au petit matin, une dépression particulièrement violente, semblable à un cyclone, traversa l'Europe de l'Ouest avec des vents soufflant jusqu'à 219 km/h. La tempête pénétra dans l'Hexagone par la pointe de la Bretagne et survola Le Havre et Rouen pour atteindre la région parisienne avec des rafales de 173 km/h. Des plaques du toit de Notre-Dame furent arrachées et des morceaux de maçonnerie furent projetés à travers un vitrail de la Sainte-Chapelle. Le château de Versailles fut lui aussi durement touché : fenêtres brisées et parc ravagé (6 000 arbres déracinés). La tempête frappa ensuite l'Allemagne et l'Autriche, mais c'est la France qui fut le plus sévèrement touchée. Les vents rasèrent près de 650 000 ha (360 millions d'arbres) et endommagèrent sévèrement plus de 400 000 ha. En l'espace de 30 heures, la tempête fit 87 morts et des milliards de dégâts.

Un autre désastre sylvicole se produisit le 30 juin 1908 en Sibérie centrale, avec ce qu'on appela l'événement de la Toungouska, provoqué par la chute d'un fragment de comète. Une boule de feu traversa le ciel, suivie par une déflagration qui fut entendue à 1 000 km et rasa les arbres sur une surface égale à deux fois celle du Luxembourg. On ne déplora à l'époque aucune victime. Mais personne ne prit la peine de faire le décompte des arbres tombés, si bien que le funeste record de la plus grande déforestation naturelle revient à la tempête de 1999.

LES CYCLONES LES PLUS VIOLENTS DE L'ATLANTIQUE NORD

LE CYCLONE LE PLUS MEURTRIER Mitch | 24-27 novembre 1998
SITUATION Amérique centrale
(Honduras, Nicaragua, Salvador, Guatemala, Costa Rica et Mexique)

LE CYCLONE LE PLUS DESTRUCTEUR Andrew | 24-27 novembre 1998
SITUATION États-Unis
(Bahamas, Floride et Louisiane)

Les cyclones tropicaux sont des phénomènes météorologiques naturels engendrés par la circulation générale de l'atmosphère et les interactions océans-atmosphère. Véritables soupapes de sécurité dans les échanges d'énergie à grande échelle qui se déroulent entre les régions équatoriales et les régions polaires, ils permettent d'évacuer vers les pôles l'énergie excédentaire, accumulée sous forme de chaleur au-dessus des régions intertropicales.

Les cyclones sont si destructeurs que les différents services météorologiques essaient en vain de s'accorder sur une classification afin d'en estimer la violence. Les services météorologiques français distinguent trois stades de perturbations cycloniques en fonction de la vitesse du vent moyen. L'expression « dépression tropicale » s'applique lorsque le vent moyen reste inférieur à 62 km/h. La « tempête tropicale » fait référence à des vents compris entre 63 et 117 km/h alors que, dans un « cyclone tropical », ils dépassent 118 km/h. Les services américains utilisent une autre classification, l'échelle de Saffir-Simpson, qui leur permet de classer les ouragans de 1 à 5 en fonction de la vitesse du vent moyen et, éventuellement, de leur pouvoir destructeur.

Le plus grand cyclone de l'Atlantique Nord s'appelait Mitch. Avec des vents soufflant jusqu'à 290 km/h, il frappa l'Amérique centrale en 1998, faisant plus de 11 000 morts et 2,5 millions de sans-abris. Mitch naquit dans la mer des Caraïbes (au large de la Jamaïque et des îles Caïmans), progressa vers l'ouest (Honduras, Nicaragua, Salvador, Guatemala, Costa Rica), s'infléchit vers le nord jusqu'à la péninsule du Yucatán (Mexique) et revint vers l'est (Floride) avant d'aller mourir aux Bahamas. Le Honduras déplora à lui seul 6 500 victimes et les dégâts y furent évalués à plus de 5 milliards de dollars. Le seul cyclone de l'Atlantique Nord qui aurait surpassé Mitch en férocité serait le grand cyclone de 1780 qui aurait fait environ 22 000 morts dans l'est des Antilles.

Le cyclone le plus destructeur eut lieu le 24 août 1992 : baptisé Andrew, il frappa les Bahamas, la Floride et la Louisiane et fit quelque 26,5 milliards de dollars de dégâts. Lorsqu'il atteignit la Floride, les vents soufflaient à 233 km/h. L'ouragan fit 26 morts et 250 000 sans-abri. Le grand cyclone qui ravagea Miami en 1926 fut encore plus dévastateur car, si l'on tient compte de l'inflation, il aurait causé quelque 70 milliards de dollars de dégâts en Floride.

Les cyclones tropicaux s'accompagnent toujours de pluies torrentielles, à l'origine d'inondations et de glissements de terrain, et, si les vents sont moins rapides que ceux des tornades, ils sont mille fois plus puissants. Cette photo a été prise après le passage du cyclone George, qui ravagea Saint-Domingue, capitale de la République dominicaine, le 28 septembre 1998.

LES CYCLONES LES PLUS MEURTRIERS DU MONDE

LA MARÉE DE TEMPÊTE LA PLUS MEURTRIÈRE **Cyclone de novembre 1970**
SITUATION Bangladesh

LE CYCLONE LE PLUS LONG **John** | août et septembre 1994
SITUATION Océan Pacifique

Les cyclones tropicaux prennent des noms différents selon la mer ou l'océan où ils naissent. On les appelle « typhons » dans le Pacifique, « baguia » aux Philippines, « willy-willies » en Australie, et « hurricanes » – du mot caraïbe *huracán* – dans l'océan Atlantique Nord et dans la mer des Caraïbes.

Quel que soit son nom, le cyclone est une formidable machine thermodynamique qui « consomme » des milliers de kilomètres cubes d'air. Ces mouvements d'air, extrêmement violents, génèrent des phénomènes météorologiques gigantesques qui développent une énergie considérable, équivalente à celle de plusieurs bombes atomiques par seconde ! Sur la mer, la baisse brutale de la pression atmosphérique, combinée aux effets du vent, provoque une surélévation anormale du niveau marin, appelée « marée de tempête », qui peut dépasser plusieurs mètres. Cette marée est l'un des phénomènes les plus meurtriers associés au cyclone. Ainsi, au Bangladesh, pays situé au ras de l'eau, on considère que chacune des marées de tempêtes de 1916, 1970 et 1991 fut responsable de plusieurs centaines de milliers de victimes – 300 000 en 1970, 138 000 en 1991 – et provoquèrent des milliards de dollars de dégâts.

Les scientifiques redoutent de voir les tempêtes et les cyclones gagner en fréquence et en intensité du fait du réchauffement planétaire. La hausse des températures pourrait entraîner localement des changements dans le régime des vents, avec des conséquences dévastatrices : augmentation des précipitations, multiplication des inondations, des sécheresses et des feux de forêts. Les cyclones les plus violents sont sans doute à venir.

C'est au début du XXe siècle que l'on commença à attribuer des noms aux cyclones. Au cours de la Seconde Guerre mondiale, l'habitude fut prise de donner des noms féminins à ces calamités mais, au début des années 1980, les mouvements féministes américains obtinrent que les cyclones portent alternativement des prénoms féminins et masculins. Le plus long cyclone, appelé John, vécut 31 jours et traversa une grande partie du Pacifique Nord.

Sebastian Junger

TEMPÊTE

La manifestation de la nature la plus impressionnante qu'il m'ait été donné de voir fut la tempête qui frappa la côte nord du Massachusetts. J'habitais Gloucester à l'époque. Je vis des déferlantes de 12 m de haut s'écraser contre les belles demeures du bord de mer. Elles semblaient avancer très lentement, mais rien ne pouvait les arrêter. Ce spectacle aussi terrifiant que fascinant m'inspira un livre. Mais l'expérience m'a également fait prendre conscience du fait que la nature est souveraine. Car totalement indifférente.

Un grand nombre de sociétés occidentales, la société américaine en particulier, font preuve d'une immense arrogance concernant ce qu'elles s'imaginent pouvoir contrôler, et la nature en fait partie. Les États-Unis sont un pays relativement épargné par les catastrophes naturelles, mais il suffit d'une pour que s'exprime un sentiment d'indignation parfaitement déplacé qui nous fait nous demander : Comment cela a-t-il pu nous arriver à nous ?

Il existe peu d'endroits au monde où les gens sont si prompts à s'indigner de la sorte. Ils ont du chagrin, sans doute, mais pas ce sentiment d'être une race à part dans le règne animal. Nous autres Américains nous sentons protégés par un passe-droit et cela en dit long sur notre mentalité. Nous devrions nous estimer heureux que l'Amérique n'ait jamais connu de séisme comme celui qui fit 20 000 morts en Turquie en 1999, ou de coulée de boue comme celle qui coûta la vie à 23 000 Colombiens en 1985. La pire catastrophe naturelle qui ait frappé les États-Unis au XXe siècle fut l'inondation de Galveston, au Texas, qui fit près de 6 000 victimes en 1900.

Chaque fois que la nature se manifeste dans toute sa force, elle nous rappelle l'espace d'un instant notre relative insignifiance. Et c'est quand on se prend pour un géant arpentant la Terre à grands pas qu'on peut comprendre ce qu'il y a d'important à être rappelé de temps en temps à sa petitesse.

3

LE

FEU

« Nous vîmes un soleil vert, d'un vert que nous n'avions jamais vu auparavant et que nous ne revîmes jamais plus dans le ciel. Nous vîmes des traînées et des fragments de matière vert-de-gris zébrant le ciel, qui viraient indifféremment au rouge éclatant ou au vulgaire rouge brique avant de passer presque aussitôt au cuivre terni ou au laiton poli. À l'ouest, la moitié de l'horizon s'était embrasé de tons cramoisis. À mesure que le temps passait, les nuées du nord et du sud perdaient de leur superbe, et les gris de la nuit s'avançaient du nord à grands pas. L'est était d'un gris normal. La nuit gagnait le sud lorsque, soudain, une lueur s'éleva de l'ouest, évoquant un métal chauffé à blanc qui se mettait à rougeoyer en s'élevant vers le zénith. »

Rapport sur le Krakatoa de la Royal Society, 1888

Haraldur Sigurdsson

VOLCANS

À l'aube de la civilisation, les hommes considéraient les volcans comme une manifestation des forces du Mal tapies dans les entrailles de la Terre. Dans toutes les régions volcaniques du monde – Polynésie, Indonésie, Islande et Italie notamment –, les éruptions et les séismes furent attribués aux dieux, aux géants ou aux esprits.

Pour les indigènes de l'archipel des Tonga, le grand héros Maui était confiné dans les régions infernales, où il était le gardien du feu. Maui dormait dans une grotte et, s'il lui arrivait de se retourner dans son sommeil, la terre tremblait au-dessus de lui.

Dans le sud de l'Italie, dès que le Vésuve se faisait menaçant, on se dépêchait d'invoquer san Gennaro, dont l'aura protectrice était due au fait qu'il avait été jeté aux lions dans la ville voisine de Pozzuoli et que les fauves avaient refusé de le dévorer – sursis de courte durée puisque les Romains s'étaient empressés de le décapiter. Il était alors devenu le saint patron de Naples.

Aujourd'hui encore, à chaque éruption du Vésuve, les reliques du saint sont portées en procession jusqu'au pied du volcan dans l'espoir d'y apaiser les forces du Mal. On dit aussi que son sang, conservé dans une fiole, dans la cathédrale de Naples, se liquéfie et bouillonne deux fois par an. En mai et décembre, les fidèles retournent religieusement la fiole : si le sang coule, c'est un bon présage ; s'il est figé, c'est que l'éruption est proche.

Les Grecs de l'Antiquité furent les premiers à voir dans les éruptions volcaniques le souffle de vents d'origine souterraine. La *Théogonie* d'Hésiode relate la lutte entre Zeus et les Titans dans des termes étonnamment similaires à ceux employés dans une description plus ancienne de l'éruption du Santorin, l'une des plus violentes de l'histoire de la Méditerranée.

Les Romains furent finalement les premiers à concevoir l'idée d'une combustion souterraine de matières provoquant leur fusion et leur éruption. Une théorie qui perdura jusqu'aux XVIIe et XVIIIe siècles, lorsque les scientifiques formulèrent l'hypothèse, plus rigoureuse d'un point de vue scientifique, que l'intérieur de la Terre est extrêmement chaud et que l'activité volcanique projette les matières en fusion par des cheminées débouchant à la surface.

Il est à la fois fascinant et effrayant d'admettre notre incapacité à prédire la prochaine grande éruption. Tout ce que nous savons, c'est que les « super-éruptions » se produisent à intervalles réguliers (entre 50 000 et 100 000 ans). Les techniques d'interférométrie (radar par satellite) nous permettent de faire toutes les mesures possibles à la surface de la Terre, mais les volcans, eux, restent insondables.

Il faut dire aussi que les géologues ne surveillent généralement que les volcans qui sont déjà entrés en éruption, ce qui n'est pas d'une grande aide pour la prévision, car il y a peu de chances que le prochain super-volcan ait déjà fait parler de lui. Peut-être émergera-t-il d'un sommeil de mille ans. Peut-être même n'a-t-il jamais encore été répertorié comme volcan, comme le mont Lamington, en Papouasie-Nouvelle-Guinée, dont personne ne connaissait la nature véritable avant que ses nuées ardentes ne fassent des milliers de morts, en 1951.

L'une des meilleures façons de classer les éruptions consiste à mesurer la quantité de matériel émis. Le mont Saint Helens a fait en 1980 les gros titres mais, avec 1 à 2 km^3 de matériaux, il reste modeste face à ses prédécesseurs. L'éruption du Vésuve, en 79 de notre ère, en délivra quelque 5 km^3. Quant au Krakatoa, il en rejeta deux fois plus encore, et la déflagration fut si violente que, si elle s'était produite sur la côte Est des États-Unis, on l'aurait entendue de Londres à Los Angeles !

Pour changer d'échelle, dans l'amplitude du phénomène, il faut remonter à 1815 : la gigantesque éruption du Tambora, la plus forte de l'histoire, émit 100 km^3 de matériaux, soit

Les cendres et les gaz créèrent un voile opaque qui arrêta les rayons du soleil, entraînant un refroidissement mondial et la perte des récoltes pendant plus de trois ans.

dix fois le volume du Krakatoa. Reconstituer l'histoire de cet énorme volcan, aux flancs escarpés et difficilement praticables, fut une entreprise passionnante, tout comme l'étude de ses profondeurs à mesure que nous creusions.

L'éruption fut si violente qu'elle fit plus de cent mille victimes. Une tribu qui vivait dans les montagnes du Nord, du côté du littoral, fut entièrement éradiquée, et sa langue disparut à tout jamais. Nos études ont montré que cet événement cataclysmique provoqua l'émission dans l'atmosphère d'environ cent fois plus de chlore que l'activité humaine n'en produit actuellement, même si le phénomène est aujourd'hui plus préoccupant du fait de la déplétion de la couche d'ozone. Les cendres et les gaz émis par le Tambora créèrent un voile opaque qui arrêta les rayons du soleil, entraînant un refroidissement mondial et la perte des récoltes pendant plus de trois ans.

Les trois plus fortes éruptions de ces derniers millions d'années en Amérique du Nord ont toutes eu lieu dans la région du Yellowstone. La quantité de lave émise fut telle que l'écorce terrestre s'effondra sous son poids, formant des caldeiras. Le Yellowstone et le Toba, qui dévasta l'île de Sumatra, rejetèrent quelque 2 000 km^3 de matériaux, soit vingt fois plus que le Tambora.

Nous avons du mal à estimer les répercussions que pourrait avoir une éruption de cette ampleur sur notre société, fortement dépendante des technologies, mais nous savons qu'elle entraînerait un refroidissement mondial considérable. Les cendres en suspension dans le jet-stream et la stratosphère rendraient la navigation aérienne impossible, et les télécommunications seraient interrompues du fait des interférences avec les transmissions par satellite et les faisceaux hertziens. Les projections de roches pyroclastiques et les tsunamis anéantiraient l'agriculture à des milliers de kilomètres à la ronde et les bouleversements politiques seraient majeurs.

LES PLUS GRANDES COULÉES BASALTIQUES DU MONDE

Les trapps de Sibérie, Russie (2 millions de km²)
COORDONNÉES 64° 10′ 00″ N | 99° 55′ 00″ E

Les trapps du Deccan, Inde (500 000 km²)
COORDONNÉES 14° 00′ 00″ N | 77° 00′ 00″ E

Les coulées du Laki, Islande (565 km²)
COORDONNÉES 64° 04′ 00″ N | 18° 14′ 00″ O

Lorsqu'il s'échappe du manteau de la Terre, le magma, fait de roches qui fondent facilement, est chaud et fluide. En se solidifiant, il donne naissance à des roches basaltiques.

Les coulées de lave les plus spectaculaires ne sont pas celles qui s'échappent des cônes volcaniques mais des fissures latérales, longues parfois de plusieurs kilomètres. Les coulées les plus importantes, les trapps de Sibérie, se trouvent près de la ville de Tura, sur le plateau de Sibérie centrale, et datent d'environ 250 millions d'années. Elles couvrent une superficie supérieure à celle de l'Europe mais, uniformément réparties, elles pourraient couvrir la surface du globe d'une couche de 3 m d'épaisseur. La formation de ces trapps coïncide avec la grande extinction de masse de la fin du permien – où près de 95 % des espèces existantes disparurent –, et il est possible que cette hécatombe soit due aux modifications climatiques entraînées par l'émission de cendres et de gaz. Parmi les coulées basaltiques les plus anciennes figurent aussi les trapps du Deccan (ci-contre), dans l'ouest de l'Inde. La plupart correspondent à des éruptions volcaniques datant de 60 à 65 millions d'années et qui peuvent atteindre par endroits 2 000 m d'épaisseur.

Les deux plus grandes éruptions de l'histoire de l'humanité ayant donné lieu à des coulées basaltiques se sont produites en Islande. La première est celle de l'Eldgja, qui eut lieu en 935, la seconde celle du Laki, en 1783, dont la fissure cracha 15 km³ de lave. L'éruption de ce dernier dura six mois, ce qui entraîna un refroidissement sensible de l'atmosphère et des pluies acides qui décimèrent les cultures. Le bétail mourut empoisonné et la famine qui s'ensuivit coûta la vie à 9 000 personnes – soit, à l'époque, un cinquième de la population concernée.

Les éruptions à coulées basaltiques touchent un terrain beaucoup plus vaste que les autres, mais sont très rares : on n'en a compté que huit au cours des 250 derniers millions d'années. Elles sont dues aux panaches de chaleur évacués par les couches profondes du manteau, à la lisière du noyau de la Terre. Ici, les trapps du Deccan, situés dans le centre-ouest de l'Inde

Selon la Bible, l'arche de Noé vint s'échouer à la fin du Déluge sur le mont Ararat, seul terrain épargné par Dieu après quarante jours et quarante nuits de pluies incessantes. Pour les géologues, le mont Ararat est beaucoup moins hospitalier :

cet imposant bouclier basaltique, dont les formes évoquent celles de la poupe d'un navire, s'est détaché de l'ancien volcan des monts Aras, dans l'est de la Turquie. La patte rageuse de la Terre-Mère y est plus sensible que celle de Dieu le Père

LE VOLCAN LE PLUS ACTIF DU MONDE

Le Stromboli

SITUATION Îles Éoliennes, mer Tyrrhénienne, Italie
COORDONNÉES 38° 47′ 00″ N | 15° 13′ 00″ E

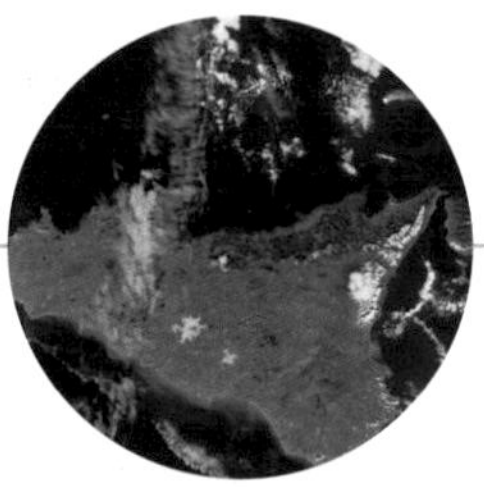

Avec son flux ininterrompu de lave, le Kilauea, à Hawaii, mobilise actuellement notre attention, mais il est loin de rivaliser avec le Stromboli, qui ne cesse de cracher de la lave depuis plus de 2 000 ans. Dominant du haut de ses 927 m les îles Éoliennes, dans la mer Tyrrhénienne, au nord de la Sicile, le Stromboli est le volcan le plus « chaud » du monde.

Il possède plusieurs cratères, et ses perpétuelles émissions de gaz et de vapeurs de soufre, ses projections à quelques centaines de mètres de hauteur de lave et de scories incandescentes, ses petites coulées occasionnelles de matériaux en fusion en font un objet de fierté mythique. Dans l'Antiquité, les habitants de l'île voyaient dans leur volcan la divinité du Feu et considéraient leur île comme le lieu de séjour du dieu des Vents, Éole. Le Stromboli fut aussi appelé le « phare de la Méditerranée ».

En dépit de leur violence apparente, les éruptions du Stromboli sont rarement meurtrières. Elles firent tout de même quatre victimes en 1919 et détruisirent douze habitations, écrasées sous d'énormes blocs de roches brûlantes de plus de 50 t. En 1930, trois personnes furent tuées par des coulées pyroclastiques, et une autre mourut ébouillantée en se baignant là où la lave s'écoule dans la mer. Durant ces deux éruptions, le Stromboli émit autant de cendres qu'il en produit normalement en cinq ans.

D'après le géographe grec Strabon, le Vulcano est « une île de feu à trois bouches soufflant par trois cratères ». Le Stromboli

(ci-dessus), actif depuis plus de 2000 ans, émet « des flammes moins violentes », mais « son grondement est plus tonitruant ».

LE PLUS ANCIEN VOLCAN ACTIF DU MONDE

L'Etna

SITUATION Sicile, Italie

COORDONNÉES 37° 45′ 00″ N | 15° 00′ 00″ E

Les dieux de l'Olympe nous ont joué un bien vilain tour en provoquant la rage éternelle du mont Etna. Depuis l'Antiquité, les humeurs de ce volcan sicilien inspirent et désespèrent les poètes, les artistes et les historiens.

Haut de 3 353 m, l'Etna (ci-contre) est le plus haut volcan européen en activité. Son nom vient du grec *aitho* – « je brûle » – et sa première éruption attestée remonte à 1500 av. J.-C. Depuis, il en a connu au moins cent quatre-vingt-dix, dont certaines furent décrites par Hésiode. Platon fit même la traversée depuis la Grèce pour admirer celle de 387 av. J.-C. Quant à Ulysse, il échappa à la chute des rochers projetés depuis son sommet par un cyclope furieux. Les Romains considéraient l'Etna comme la forge de Vulcain et le lieu de repos du géant Encelade – les éruptions témoignaient de sa respiration et les séismes de ses mouvements.

Comme les explosions se produisent dans la partie supérieure du volcan, là où la lave progresse lentement, l'Etna n'est pas un tueur – on l'appelle même le « gentil géant » – et ses victimes sont rares. Celles qui furent à déplorer durant les éruptions de 1169 et de 1669, les plus destructrices, sont imputables à des séismes.

Trois écosystèmes distincts s'étagent sur les pentes de l'Etna : à la base, un riche assortiment de végétation subtropicale – citrus, bananiers, oliviers et figuiers ; plus haut, de la vigne et des arbres fruitiers ; plus haut encore, des forêts de châtaigniers, de bouleaux et de pins, suivies d'une zone aride de lave et de scories. Le sommet est enneigé la majeure partie de l'année. Fumant constamment, l'Etna – dont la circonférence fait environ 150 km – connaît un regain d'activité depuis une cinquantaine d'années.

Lors de l'éruption de juin 2001, l'Etna émit un panache de cendres qui toucha le Sahara. Des fontaines de lave s'élevèrent à 400 m de hauteur, projetant des fragments de matière en fusion de la taille d'une voiture. Les scientifiques comparèrent le son de la lave en ébullition au « crissement strident que fait le verre contre le verre » et détectèrent « un obscur grondement souterrain » qu'ils ressentirent « dans leurs dents ».

LE PLUS GRAND VOLCAN ACTIF DU MONDE

Le Mauna Loa
SITUATION Île de Hawaii, archipel des Hawaii, États-Unis
COORDONNÉES 19° 28′ 56″ N | 155° 36′ 18″ O

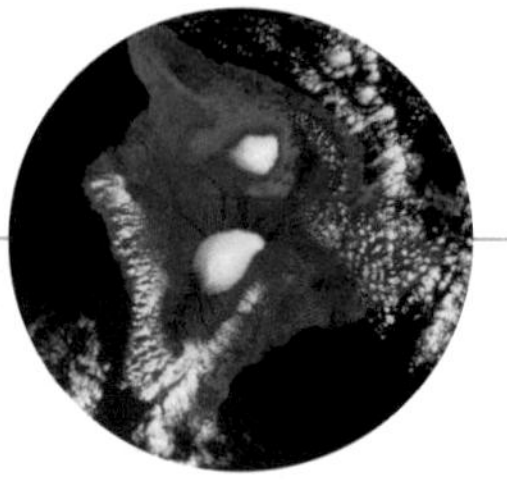

Avec un volume de 80 000 km^3, le Mauna Loa est la montagne la plus massive et le plus grand volcan en activité dans le monde. Il connut un pic d'activité en 1881, suivi de quatre éruptions en 1942, 1949, 1975 et 1984. Son cratère est le deuxième plus grand du monde, avec une superficie de 9,6 km^2.

Haut de 9 754 m, le Mauna Loa n'émerge que de 4 169 m, mais sa base est extrêmement large. Typique des volcans hawaïens, le volcan bouclier se forme lorsque des coulées de lave s'échappent par les fissures de l'écorce terrestre. Il se distingue du volcan explosif, de forme conique, comme l'Etna, par sa forme aplatie et ses composants basaltiques. Les volcans boucliers naissent au fond des océans et s'élèvent peu à peu en plusieurs millions d'années. Hawaii est ainsi composée de cinq volcans distincts, qui se sont soudés pour ne former qu'une seule île.

En 1950, le Mauna Loa s'est distingué par un nouveau record – celui de la coulée de lave la plus rapide jamais enregistrée : 9,3 km/h. Il est vrai qu'on ne disposait pas d'instruments de mesure à l'époque des plus grandes éruptions qu'a connues notre Terre – celle du Vésuve notamment, en 79, qui dura douze heures et ensevelit la population en fuite sous une gigantesque chape de cendres pyroclastiques.

« Nous marchons sur de la lave en fusion, support sur lequel la patte d'une mouche ou la chute d'un cheveu laisse une empreinte qui, une fois la lave durcie, sera conservée à tout jamais dans la roche. »

Ralph Waldo Emerson

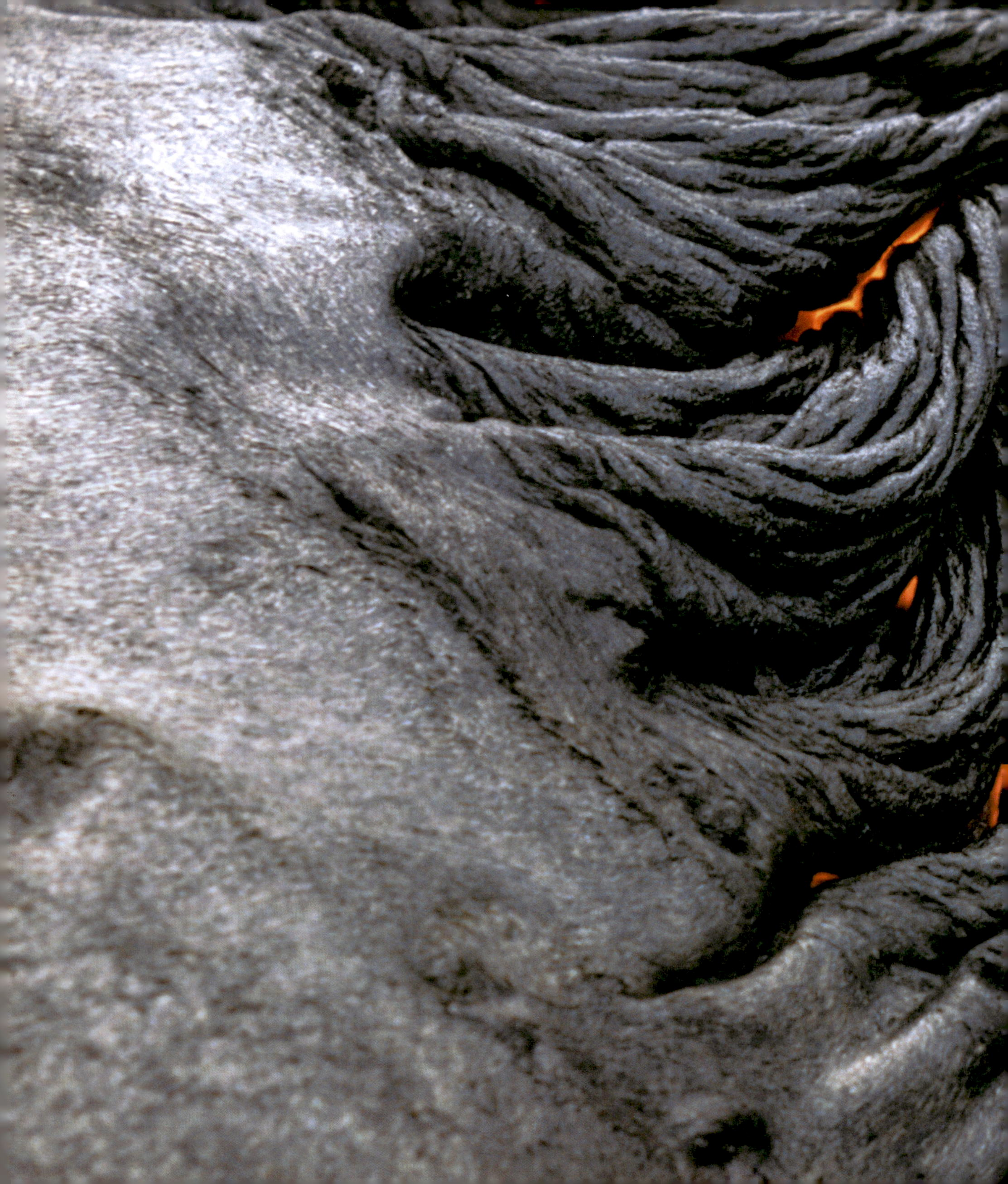

LE VOLCAN À L'ÉVOLUTION LA PLUS RAPIDE DU MONDE

Le Paricutín

SITUATION Centre du Mexique

COORDONNÉES 19° 28′ 00″ N | 102° 15′ 00″ O

La naissance d'un volcan est un phénomène terrifiant ou superbe. Tout dépend du point de vue, et, surtout, de la distance !

Le Paricutín est né dans l'après-midi du 20 février 1943, dans le Michoacán, au Mexique, dans un tumulte de tonnerre, de vapeurs de soufre, de cendres et de fumée. Au beau milieu d'un champ parfaitement plat, une immense fissure apparut. Elle ouvrit dans la terre un évent qui se mit à projeter des roches incandescentes et donna naissance en vingt-quatre heures à un édifice de 46 m. L'apparition subite d'une montagne haute comme un immeuble de quinze étages défiait l'entendement. Mais le pire était à venir : la deuxième nuit, le volcan se mit à projeter des bombes incandescentes à plus de 300 m d'altitude, et des torrents de lave envahirent les champs de maïs avoisinants. Le Paricutín ne cessa ensuite de se développer, crachant plus de 1 milliard de tonnes de lave, jusqu'en février 1952, où il s'assoupit aussi soudainement qu'il était apparu.

Le Paricutín donna aux scientifiques une excellente occasion d'observer la genèse et l'évolution d'un volcan cracheur de lave. Au bout d'un an, le cône atteignait 336 m – à peu près la hauteur de la tour Eiffel – et les cendres avaient détruit ou asphyxié presque toute la végétation aux alentours du cratère. La ville voisine de San Juan Parangaricutiro et le village de Paricutín furent ensevelis sous les cendres pyroclastiques.

Si l'apparition soudaine d'un volcan surprit la population de Paricutín et toute la communauté scientifique, elle fut annoncée par deux signes avant-coureurs : quelque trois cents secousses telluriques la veille du cataclysme et, à en croire la légende locale, une invasion de sauterelles aux proportions bibliques l'année précédente, en 1942.

LE PLUS GRAND CRATÈRE EN ACTIVITÉ SUR TERRE

Le cratère du Halemaumau, sur le Kilauea
SITUATION Île de Hawaii, archipel des Hawaii, États-Unis
DIMENSIONS 76 m de large, 122 m de long et base de 38 ha
COORDONNÉES 19° 24′ 00″ N | 155° 17′ 00″ O

D'après la légende, la déesse du Feu Pélé vit au pied du cratère du Halemaumau, et la quantité de lave qui s'en échappe est un indicateur de son humeur. Le cratère est aussi appelé « demeure du feu éternel », car, de 1823 à 1924, c'était un lac de lave en fusion.

Le cratère du Halemaumau est aussi vaste que redoutable. Vu du ciel, il ne ressemble plus à une marmite fumante de ragoût riche en piment, car le temps a refroidi ses ardeurs, mais évoque plutôt un paysage martien, avec une plaine rocheuse démesurée aux tons marron, entourant une dépression fumante aussi noire qu'un four. Les visiteurs, qui y accèdent à pied ou en voiture, peuvent s'approcher très près du cratère. Le Kilauea est l'un des volcans les plus actifs du monde. Plus de 90 % de sa surface est recouverte de lave âgée de moins de mille ans, et celle-ci n'a pratiquement jamais cessé de s'écouler entre 1823 et 1924. Depuis, les éruptions n'ont été séparées de plus de quatre ans qu'une seule fois.

L'éruption de 1983 entraîna l'apparition de deux lacs de lave : celui du Kupaianaha, qui disparut en 1990, et celui du Pu'u O'o (ci-contre), qui se manifesta en 1991 par des jets de lave incandescente, et est devenu aujourd'hui une rivière au débit constant. On estime que, depuis 1983, environ 150 millions de m^3 de lave ont été émis chaque année. Ces coulées, qui s'échappent sous forme de masse visqueuse chauffée à 260 °C avant de se refroidir au contact de l'air, parviennent ainsi jusqu'à l'océan, situé à une cinquantaine de kilomètres du volcan.

LES PLUS GRANDES ÉRUPTIONS VOLCANIQUES DE L'HISTOIRE

L'éruption du Yellowstone, Wyoming, États-Unis | –2 millions d'années
COORDONNÉES 44° 30′ N | 110° 30′ O
L'éruption du Vésuve, Italie | 79
COORDONNÉES 40° 49′ 00″ N | 14° 26′ 00″ E
L'éruption du Tambora, Indonésie | 1815
COORDONNÉES 8° 14′ 00″ S | 117° 55′ 00″ E
L'éruption du Krakatoa, Indonésie | 1883
COORDONNÉES 6° 07′ 00″ S | 105° 24′ 00″ E
L'éruption de la montagne Pelée, Martinique | 1902
COORDONNÉES 14° 48′ 00″ N | 61° 10′ 00″ O
L'éruption du Novarupta, Alaska, États-Unis | 1912
COORDONNÉES 58° 15′ 55″ N | 155° 09′ 29″ O

Personne ne sait exactement quand se produisit la plus forte éruption volcanique de la planète. Celle qui généra la caldeira du Yellowstone, il y a 2 millions d'années, est généralement considérée comme la plus violente de tous les temps. Elle aurait rejeté 1 million de m^3 de cendres, de scories, de blocs rocheux et de lave dans un jet atteignant 25 km de hauteur – soit trois fois l'Everest –, mais ces mesures ne sont que des estimations.

L'une des éruptions les plus meurtrières de l'histoire fut celle du Vésuve (ci-contre), près de Naples, qui, dans la matinée du 24 août 79, ensevelit sous une couche de cendres, de scories et de boue les villes de Pompéi, d'Herculanum et de Stabies. L'explosion ne dura que deux minutes, mais fit trembler la terre et provoqua un déluge de roches et de vapeurs, ainsi qu'une avalanche qui détruisit le cône du volcan. Le panache de cendres pyroclastiques fut aussi élevé que celui du Yellowstone et la chaleur de ce nuage entraîna des feux de forêt. Près de 540 millions de tonnes de cendres s'abattirent dans la journée sur une zone de 57 000 km^2. L'éruption fit au moins seize mille victimes – dont Pline l'Ancien, que sa curiosité de naturaliste avait poussé à se rendre sur les lieux pour y étudier le phénomène.

Ce type d'éruption très destructrice – qui retira en une journée 400 m de hauteur au Vésuve – est qualifiée de « plinienne ». Du fait de ses éruptions répétées, les flancs du Vésuve sont profondément marqués par les coulées de lave, mais ses pentes inférieures, couvertes de sols volcaniques fertiles, sont parsemées de villages.

« Qu'on me donne une plume de condor et le cratère du Vésuve pour encrier ! »

Herman Melville

Une coulée de lave peut évoquer un fleuve tranquille ; mais, lorsqu'une vague vient s'abattre sur la rive, le ballet pyrotechnique

entre roche vive et roche inerte nous rappelle que nous sommes fragiles et entièrement soumis au bon vouloir de la planète

L'ÉRUPTION LA PLUS MEURTRIÈRE DE L'HISTOIRE

L'éruption du Tambora

SITUATION Indonésie

COORDONNÉES 8° 14′ 00″ N | 117° 55′ 00″ O

Du 12 au 14 avril 1815, les éruptions répétées du Tambora firent 60 000 victimes directes et 82 000 indirectes, qui périrent par la suite de famine et de maladie. Dans le monde entier, 1815 fit figure d'année sans été, car un nuage de cendres, de particules rocheuses volcaniques et de gaz toxiques assombrit le ciel durant plusieurs mois, entraînant une baisse de la température de plusieurs degrés. Aux États-Unis, par exemple, la Nouvelle-Angleterre fut soumise à de fortes gelées en juillet et en août !

C'est un autre célèbre volcan indonésien qui se classe deuxième à ce funeste palmarès : du 26 au 28 avril 1883, une série d'explosions fit rage dans l'île de Krakatoa pendant 20 heures et 56 minutes. Leur puissance fut estimée à 223 millions de tonnes de TNT, et la détonation fut si tonitruante qu'on l'entendit à 4 800 km de distance. Le Krakatoa rejeta tant de poussières dans l'atmosphère que, durant les deux années qui suivirent, la diffraction rendit les couchers de soleil rouge sang dans le monde entier.

D'après les estimations scientifiques, le Krakatoa rejeta des matériaux à 48 km d'altitude, jusque dans la stratosphère, tandis que les bateaux qui croisaient dans un rayon de 3 200 km se retrouvaient couverts de poussière des semaines après l'éruption. Des débris volcaniques se répandirent à travers l'océan Indien jusqu'à Madagascar et les rejets de cendres et de lave furent tels qu'ils donnèrent naissance à de nouvelles îles. Dès le premier jour de l'éruption, les coulées pyroclastiques firent au moins 2 000 victimes. Le lendemain, le pic du volcan s'effondra à 305 m en dessous du niveau de la mer, faisant 3 000 victimes supplémentaires. L'effondrement entraîna un tsunami gigantesque, de 37 m d'amplitude, qui provoqua la noyade de 31 000 personnes lorsqu'il atteignit les îles indonésiennes de Java et Sumatra.

Quarante ans plus tard, en 1928, un nouveau cycle d'éruptions donna naissance aux îles volcaniques de l'Anak Krakatoa, du Rakata, du Rakata Kecil et du Sertung.

Après la tonitruante explosion du Krakatoa, en 1883, et une phase de repos de quarante-quatre ans, l'activité reprit en 1927 et des éruptions sous-marines explosives n'ont cessé d'ébranler le détroit de la Sonde, formant de nouvelles îles volcaniques. L'Anak Krakatoa – « fils du Krakatoa » – mesure aujourd'hui 2 km de large et entrerait en éruption toutes les 20 minutes.

LES PLUS GRANDES ÉRUPTIONS VOLCANIQUES DU XXe SIÈCLE

L'éruption de la montagne Pelée, Martinique | 1902
COORDONNÉES 14° 48′ 00″ N | 61° 10′ 00″ O

L'éruption du Novarupta, Alaska, États-Unis | 1912
COORDONNÉES 58° 15′ 55″ N | 155° 09′ 29″ O

Les volcans furent relativement cléments au cours du xxe siècle. L'éruption la plus meurtrière fut celle de la montagne Pelée, qui ravagea la Martinique le 8 mai 1902. Le souffle de l'explosion provoqua une nuée ardente, un nuage de poussières et de gaz volcaniques portés à très haute température, qui se propagea sur plus de 16 km à la vitesse de 130 m/s et tua 29 500 personnes sur le coup. La veille de ce 8 mai, l'île voisine de Saint-Vincent avait subi un événement similaire avec l'explosion de la Soufrière, et une épaisse couche de cendres volcaniques recouvrit une partie de l'île qu'elle réduisit à l'état de désert.

La deuxième éruption la plus meurtrière du xxe siècle fut celle du Nevado del Ruiz, en Colombie, qui se manifesta le 13 novembre 1985 sous forme d'une coulée de boue et de cendres et fit 23 000 victimes.

Mais la plus violente éruption volcanique du xxe siècle fut celle du Novarupta, qui ébranla l'Alaska pendant plus de soixante heures, du 6 au 9 juin 1912. Elle ne fit aucune victime grâce aux mesures d'évacuation, mais le volcan émit 30 km^3 de cendres et plusieurs villages côtiers furent ensevelis – les toits de la ville de Kodiak, à plus de 160 km du centre éruptif, s'effondrèrent sous plus de 1 m de cendres volcaniques. Les cendres obstruèrent les rivières et les torrents, dévastant l'industrie de la pêche locale et asphyxiant la végétation.

« Dans un climat pluvieux, les gaz chlorhydrique et sulfhydrique émis par le volcan se transforment en acides très corrosifs. Dès le premier jour, l'équipe de télévision perdit sept caméras que nous avions laissées à l'air libre… Même mes lunettes furent rongées. Et, comme l'acide tombe avec la pluie, il vous décrasse à fond en décapant la couche supérieure de votre peau… »

Donovan Webster, au sommet du volcan d'Ambrym, Vanuatu

LES ÉRUPTIONS VOLCANIQUES LES PLUS MEURTRIÈRES DES TEMPS MODERNES

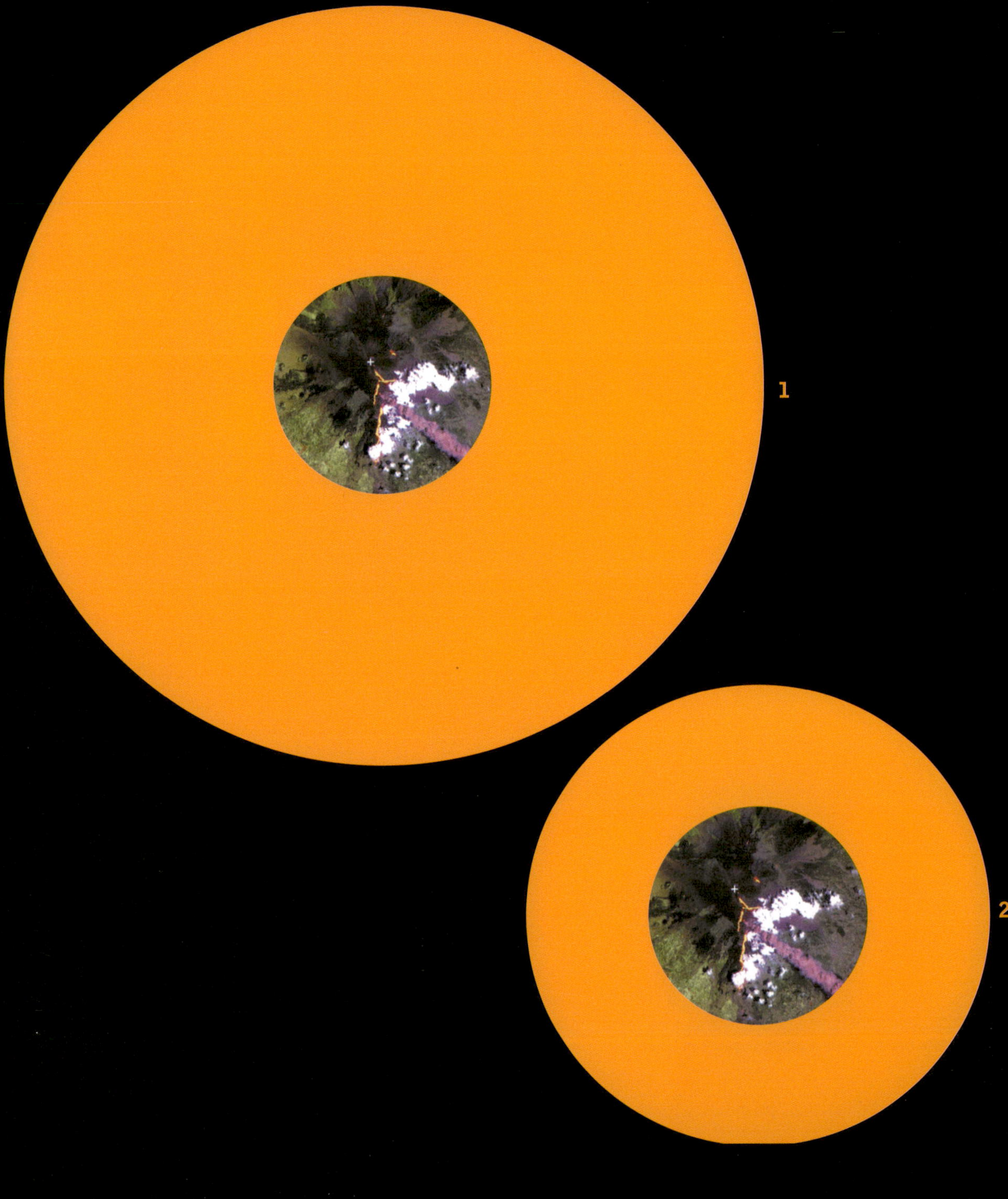

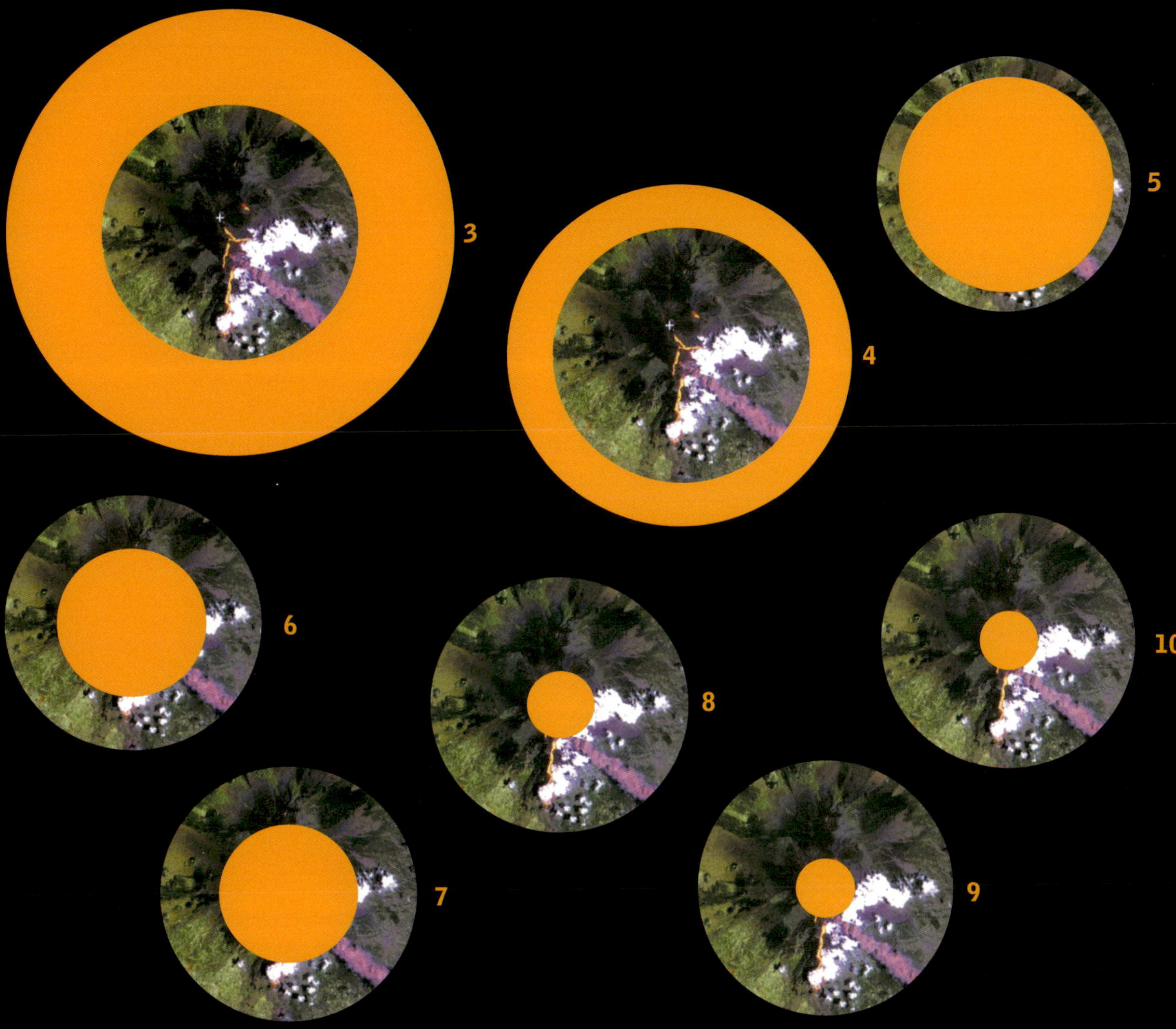

1 TAMBORA, INDONÉSIE | 1815 | 60 000 VICTIMES dues à la FAMINE et à la MALADIE
2 KRAKATOA, INDONÉSIE | 1883 | 36 000 VICTIMES dues au TSUNAMI
3 MONTAGNE PELÉE, MARTINIQUE | 1902 | 29 500 VICTIMES dues aux NUÉES ARDENTES
4 NEVADO DEL RUIZ, COLOMBIE | 1985 | 23 000 VICTIMES dues aux COULÉES DE BOUE
5 UNZEN, JAPON | 1792 | 14 500 VICTIMES dues au TSUNAMI
6 KELUT, INDONÉSIE | 1586 | 10 000 VICTIMES dues aux COULÉES DE BOUE et aux NUÉES ARDENTES
7 LAKI, ISLANDE | 1783 | 9 300 VICTIMES dues à la FAMINE
8 SANTA MARIA, GUATEMALA | 1902 | 4 500 VICTIMES dues à la MALADIE
9 GALUNGGUNG, INDONÉSIE | 1982 | 4 000 VICTIMES dues aux NUÉES ARDENTES
10 VÉSUVE, ITALIE | 1631 | 4 000 VICTIMES dues aux NUÉES ARDENTES

LA PLUS GRANDE FORÊT D'ARBRES DE LAVE DU MONDE

Le Lava Tree State Monument

SITUATION Île de Hawaii, archipel des Hawaii, États-Unis

COORDONNÉES 19° 24′ 00″ N | 155° 17′ 00″ O

Les arbres de lave se forment lorsque de la lave en fusion vient enrober le tronc des arbres vivants, portant la sève qu'ils contiennent à ébullition. Le passage de la sève à l'état de vapeur refroidit la lave, qui se solidifie avant que les arbres ne brûlent. La plus grande concentration au monde d'arbres de lave, le Lava Tree State Monument, se trouve dans le site classé de Nanawale, à Hawaii. C'est lors d'une éruption du Kilauea, en 1790, qu'une coulée de lave se déversa par une fissure sur le flanc est du volcan, dévastant une forêt de *ohias*. La lave épousa étroitement la forme des troncs d'arbres avant de se refroidir et de se solidifier.

Les arbres de lave ne sont jamais que des souches pétrifiées mais, avec un peu d'imagination, on pourrait y voir une armée de druides errant dans la forêt à la recherche d'un élixir qui les ramènerait à la vie. Le parc a ainsi des airs de site fantôme, qui rappelle celui de Pompéi, où les habitants furent immobilisés vivants sous une carapace de cendres brûlantes, lors de l'éruption du Vésuve en 79. Nanawale n'est pas le seul site fantastique de l'est de Hawaii. Tout près, à Pahoa, se trouve une formation appelée cheveux de Pélé. Pélé est la déesse du Feu de la mythologie hawaiienne, et ses « cheveux » ne sont autres que des fils étirés et cassants de lave solidifiée.

LE MASSIF VOLCANIQUE LE PLUS VARIÉ DU MONDE

Le massif de Tongariro

SITUATION Île du Nord, Nouvelle-Zélande
COORDONNÉES 39° 17′ 27″ S | 175° 33′ 44″ E

Le massif volcanique de Tongariro, sur l'Île du Nord, en Nouvelle-Zélande, offre un paysage impressionnant, aussi fantastique que spectaculaire. Formé de monts anciens aux tons sable entourant un lac aux eaux turquoise et toxiques, le massif de Tongariro est hérissé de plusieurs cônes volcaniques, dont le plus élevé culmine à 1 968 m et domine une vaste plaine circulaire faite de coulées de débris et de cendres volcaniques, de lahars et de lave. Le paysage offre ainsi de saisissants contrastes entre les champs de lave, les champs de neige en hiver, les sources chaudes et les cratères en activité. Il y pousse une végétation variée, un peu préhistorique car personne ne comprend comment elle parvient à vivoter sur un sol magmatique aussi pauvre.

Premier parc national de Nouvelle-Zélande et inscrit en 1993 sur la liste du patrimoine mondial, le massif du Tongariro possède une signification culturelle et religieuse pour le peuple maori. Selon la mythologie cosmogonique, leur ancêtre Ngatoroirangi se trouvait sur le point de mourir après avoir exploré cette région montagneuse. Il appela l'une de ses sœurs, Hawaiiki, restée au pays natal, dans le Pacifique, pour qu'elle lui envoie du feu. Ce qu'elle fit. Et c'est le passage des flammes qui laissa une traînée d'évents volcaniques à travers le massif.

Le Tongariro est un site complexe hérissé de plus d'une douzaine de cônes volcaniques. Le plus haut d'entre eux, le Ngauruhoe, est aussi le plus jeune. Formé il y a seulement 2 500 ans, il rivalise à coups d'éruptions avec son voisin, le Ruapehu, pour rester dans la mémoire des hommes le plus actif des volcans néo-zélandais.

LA PLUS GRANDE CHAÎNE VOLCANIQUE DU MONDE

La ceinture de feu du Pacifique

La « ceinture de feu du Pacifique » mérite bien son nom : composée de plus de trois cents volcans, elle forme un cercle quasi ininterrompu autour de l'océan Pacifique, de la Nouvelle-Zélande à l'archipel des Tonga, de la Mélanésie à l'Indonésie, de l'archipel des Philippines au Japon, de la guirlande des Kouriles au Kamtchatka, de l'arc des Aléoutiennes aux côtes occidentales du continent américain. Située à la lisière des grandes plaques tectoniques formant le plancher de l'océan Pacifique, la ceinture de feu groupe plus de la moitié des volcans actifs émergés du monde.

Au cœur de cet anneau marqué par une grande activité sismique et volcanique se trouvent quelques points chauds, points isolés de l'écorce terrestre où la lithosphère est moins épaisse et où les températures sont très élevées. C'est l'un de ces points chauds qui créa l'archipel des îles Hawaii, où se situent quelques-uns des volcans les plus actifs du monde.

La ceinture de feu n'est pas la seule région de forte activité volcanique sous-marine : les dorsales médio-océaniques constituent également des axes de grande activité.

Pour les alchimistes, le feu et l'eau étaient deux éléments opposés. Cette croyance persiste encore chez les populations disséminées le long de la ceinture de feu du Pacifique – ci-dessus, Sulawesi, en Indonésie – où l'instabilité sismique et volcanique est à l'origine de tsunamis, gigantesques vagues semant la destruction sur des centaines de kilomètres.

Ci-dessus, le mont Saint Helens dans toute sa splendeur, avec son sommet enneigé, tel qu'on pouvait l'admirer avant 1980. Ci-contre, le même, ruiné et décapité après le cataclysme au cours duquel il projeta jusqu'à la stratosphère d'énormes quantités de roches et de cendres volcaniques. Avant son éruption, les scientifiques avaient bien observé des montées de

magma et de vapeur, mais le phénomène témoigne de la violence titanesque de la pression et de la chaleur qui peuvent s'accumuler dans les entrailles de la Terre. La vue de cette montagne décapitée nous rappelle que les paysages que nous croyons connaître et qui forment le cadre rassurant de notre existence peuvent changer du jour au lendemain.

L'île de Java est parsemée de volcans aux sommets enneigés, qui s'élèvent comme des nuages coniques blancs au-dessus des rizières vertes et de palmiers dentelés. Le temple de Borobodur, l'un des trésors du bouddhisme, est entouré de pics volcaniques dont les sommets majestueux font écho aux stupas de pierre entourant le mandala. L'un des volcans les plus

beaux et les plus vénérés de Java est le Bromo (ci-dessus), dans la partie orientale de l'île. Il doit son nom à Betara Bromo, divinité du Feu empruntée à une autre cosmogonie. Chaque année, les adeptes du « javanisme », mélange de religion indigène et d'islam, sacrifient à la tradition par des offrandes de fruits, de légumes, de riz et de viande.

4

L’

EAU

« Soudain, il y eut un énorme grondement et nous vîmes au loin quelque chose d'énorme et de noir qui avançait vers nous. Quelque chose de très haut et de très puissant. Nous réalisâmes bientôt que c'était de l'eau. En quelques secondes, les arbres et les maisons furent emportés par le flot. Non loin de là se trouvait un terrain en pente raide. Nous y courûmes et essayâmes de grimper pour nous mettre à l'abri, mais la vague était trop rapide pour la plupart d'entre nous. Ceux qui étaient en contrebas essayaient de faire tomber ceux qui étaient au-dessus en leur mordant les talons, mais ils ne parvenaient pas à leur faire lâcher prise. La lutte fut acharnée pendant quelques instants, puis, les uns après les autres, ils furent emportés par la violence du flot. On voit encore, sur le flanc de la colline, les marques de ce qui fut un combat à la vie à la mort. »

A. Scarth, ouvrier agricole javanais
qui survécut au tsunami de 1999 à Lampong Bay, en Indonésie

LES TSUNAMIS LES PLUS PUISSANTS JAMAIS ENREGISTRÉS

LE PLUS HAUT **Lituya Bay, Alaska, États-Unis** | 1958
COORDONNÉES 58° 38′ 13″ N | 137° 34′ 23″ O

LE PLUS RAPIDE **Hilo, Hawaii, États-Unis** | 1946
COORDONNÉES 19° 43′ 47″ N | 155° 05′ 24″ O

LE PLUS MEURTRIER **Krakatoa, Indonésie** | 1883
COORDONNÉES 6° 07′ 00″ S | 105° 24′ 00″ E

Sur les 36 000 victimes que provoqua l'éruption du Krakatoa de 1883 – la deuxième éruption volcanique la plus meurtrière de l'histoire –, seules 5 000 sont imputables à l'explosion, aux coulées de lave et aux nuées de cendres. Le véritable tueur fut le tsunami qu'entraîna l'effondrement du volcan. D'une hauteur de 37 m, il balaya les îles de Java et de Sumatra et ses effets furent ressentis jusqu'en France.

On appelle tsunami le train de vagues générées par une secousse tellurique du fond de l'océan, par une éruption volcanique ou un glissement de terrain sous-marin. Ces vagues, qui se propagent à partir du centre de la perturbation, ont une énergie suffisante pour parcourir des distances considérables à une vitesse qui dépend de la profondeur : par 5 000 m de fond, leur vitesse de propagation est de 800 km/h, tandis que par 10 m de profondeur elle n'est plus que de 36 km/h. Ce fort ralentissement conduit à une augmentation de la hauteur des vagues qui, à l'approche de côtes, se transforment en véritables murs d'eau pouvant atteindre 30 m.

Les mesures du plus grand tsunami jamais enregistré prêtent à controverse : selon le U.S. Navy Meteorology and Oceanography Command, le titre reviendrait à celui qui s'abattit en 1737 sur la péninsule du Kamtchatka, en Sibérie, avec une vague de 64 m – soit la taille d'un immeuble de 18 étages. Mais le tsunami généré le 9 juillet 1958 par un glissement de terrain, à l'extrémité de Lituya Bay, sur la côte septentrionale de l'Alaska, se serait manifesté par la vague la plus monstrueuse jamais observée, d'une hauteur de 524 m.

Le tsunami le plus rapide de l'histoire fut généré par une secousse tellurique en Alaska. Il se propagea à plus de 700 km/h pour s'abattre sur Hilo, capitale de Hawaii, le 1er avril 1946. Un phénomène similaire, en 1960, poussa les autorités à construire une digue de 8 m de haut à des fins préventives. Les scientifiques commencent à étudier les « méga-tsunamis » générés par de massifs glissements de terrain sous-marins, encore plus dévastateurs que ceux d'origine tectonique

Ellen MacArthur

OCÉANS

Quel que soit le nombre d'années que je passerai sur les océans, je ne saisirai jamais qu'une infime fraction de leur beauté et de leur puissance. Les océans couvrent près des trois quarts de notre planète, et leurs profondeurs sont les derniers sites inexplorés. Ainsi, la fosse des Mariannes, qui plonge à près de 11 000 m sous la surface, est l'endroit le plus bas à la surface du globe, plus profond que l'Everest n'est haut.

Du mystérieux triangle des Bermudes au mythique cap Horn, les océans sont parmi les cadres naturels les plus variés. Chacun est comme une planète à part entière, avec ses paysages, sa personnalité et sa lumière, sans parler de ses couleurs : le bleu azur et le vert turquoise de la mer des Caraïbes, le noir d'encre du Gulf Stream ou le gris de l'océan Austral, entrecoupé d'extraordinaires flashs bleu électrique. Les vagues y sont presque toujours accompagnées de brisants qui enflent et écument au sommet, puis retombent en s'évanouissant dans un calme surprenant, ne laissant derrière eux qu'un mince tapis blanc.

Je suis tout aussi incapable d'anticiper les mouvements de la mer. L'expérience m'a juste appris à les deviner avec un peu plus de précision et à comprendre les conditions susceptibles de déclencher une tempête. Elle m'a aussi appris que les vents sont les premiers responsables de l'humeur changeante des océans. Et, si ces derniers peuvent être effrayants, imprévisibles, c'est en grande partie parce qu'ils réagissent en permanence au temps qu'il fait au-dessus d'eux ou aux frontières que la terre leur impose.

Le temps n'a guère été clément avec nous durant ce voyage. Il n'a cessé de nous mettre à l'épreuve, de nous mener la vie dure. Au début, ce n'est ni aux coups de vent ni aux tempêtes que nous avons dû nous confronter, mais au calme plat, ce qui est encore plus exaspérant. Une semaine plus tard, nous fûmes pris dans la queue du cyclone Bertha, qui balaya la côte Est des États-Unis, depuis les récifs des Florida Keys jusqu'à Newport, à Rhode Island. C'était ma première véritable tempête en mer. Le ciel clair disparut derrière un épais nuage noir qui eut tôt fait de nous priver de la chaleur douillette du soleil, et le bleu lumineux de l'eau vira au gris sinistre.

La tempête dura plus de deux jours. La taille et la violence des vagues me fascinaient. Le bateau tombait régulièrement du haut des vagues pour mieux percuter les suivantes, provoquant la vibration des 18 m de la coque. En prenant la barre, je fus obligée de me surpasser pour me frayer une route à travers la houle. En surfant sur les vagues, j'atteignis la vitesse de 19,54 nœuds – mon record personnel –, due autant à la force de la houle qu'aux 40 nœuds de vent qui nous propulsaient.

À la barre, je cherchais à négocier les vagues pour conserver sa vitesse au bateau. Tandis qu'il avançait, les ris de la grand-voile qui pendaient sous la bôme s'allumaient comme un décor de théâtre. Devant l'étrave, la vague, qui s'enflait en luisant, créait un suspens rappelant le frisson des montagnes russes. Lorsque la proue retombait, le bateau se mettait à vibrer et prenait de la vitesse comme s'il avait été propulsé par un moteur à réaction. Une éternité semblait s'écouler avant qu'il ne réattaque la vague suivante.

À un certain moment, le bateau perdit de la vitesse et une grande vague déséquilibra la poupe. Je rassemblai toutes mes forces, les orteils cramponnés au cale-pied, et cette fois, j'eus du mal à le redresser. La gîte s'accentua et je me retrouvai une fois de plus avec de l'eau jusqu'aux genoux – Oui, maman, j'avais mis mon harnais !

À 4 h 30, je passai la barre à Alan, mon seul compagnon sur des centaines de milles. Je restai debout encore un quart d'heure, puis descendis vider mes bottes. Mes pieds étaient trempés, mes jambes endolories par le froid.

Les gens ont du mal à me croire quand je leur dis que l'un des plus grands dangers en mer, c'est la terre. La mer se déchaîne d'autant plus que le fond est proche. Entravée dans ses mouvements, elle se fait violente. Il suffit d'observer les vagues qui vont se fracasser sur les rochers et les plages. J'y vois la réaction d'une bête sauvage prise au piège. Un peu comme une personne habituée à arpenter les landes se retrouvant piégée dans le métro londonien.

Il ne faut jamais sous-estimer ou manquer de respect à la mer. Le jour où je m'endormirai sur mes lauriers, je sais que je n'aurai plus qu'à abandonner la voile, car je ne serai plus à ma place sur aucun océan du globe.

LA PLUS GRANDE DOLINE SOUS-MARINE DU MONDE

Le Blue Hole
SITUATION Récif Lighthouse, au large du Belize
DIMENSIONS 300 m de diamètre | environ 137 m de profondeur
COORDONNÉES 17° 15′ 00″ N | 87° 30′ 00″ O

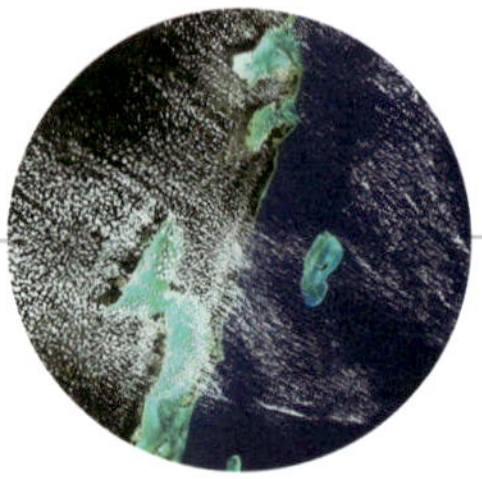

Vu du ciel, le Blue Hole – « le trou bleu » – ressemble à l'œil de la Terre auquel rien n'échappe : un iris indigo au centre d'une mer émeraude. Le secret de ce site insolite, c'est le karst. On parle de karst pour désigner des régions aux formes originales développées dans d'épaisses masses de calcaire, creusées d'avens, de galeries souterraines et de grottes. Le mot s'appliqua à l'origine aux plateaux du nord-ouest de la péninsule balkanique, mais c'est aux antipodes, dans la mer des Caraïbes, à 80 km au large de Belize, que se trouve la formation karstique la plus spectaculaire du monde : le Blue Hole.

Le Blue Hole s'est formé il y a 15 000 ans, alors que l'Europe et l'Amérique du Nord étaient en grande partie couvertes de glaciers. Avec la fin de la période glaciaire et la montée du niveau de la mer, de nombreux réseaux de grottes karstiques furent inondés et finirent par s'effondrer. Sur terre, certains formèrent de petites dépressions ou dolines. D'autres donnèrent naissance à des sites plus spectaculaires. Le Blue Hole est le résultat de l'affaissement d'une immense grotte. Depuis que le commandant Cousteau l'a exploré, en 1970, il est devenu depuis un lieu de pèlerinage pour les férus de plongée sous-marine. Car bien que ce soit d'avion qu'on l'admire le mieux, les plongeurs affirment que passer au-delà de ses rives peu profondes pour s'engouffrer dans une grotte tapissée de stalactites et de stalagmites est une expérience extraordinaire. Une sensation hors du commun qui explique que leurs bagages arborent des autocollants proclamant fièrement : « J'ai plongé dans le Blue Hole ».

LE PLUS GRAND RÉCIF CORALLIEN DU MONDE

La Grande Barrière de corail
SITUATION Côte nord-est de l'Australie
DIMENSIONS 2 012 km de longueur | 350 000 km^2 de superficie
COORDONNÉES 18° 00′ 00″ S | 146° 50′ 00″ E

La Grande Barrière n'est pas, comme certains le prétendent, le plus grand être vivant du monde. Mais les grands plateaux coralliens multicolores qui s'étirent le long de la côte nord-est de l'Australie sont vivants à plus d'un égard.

Bien que son nom suggère un simple cordon, la Grande Barrière est un véritable royaume sous-marin composé de quelque 2 100 récifs isolés et de 800 récifs frangeants, bâtis au cours de millions d'années à partir du squelette d'organismes marins. Les éléments qui composent cette structure sont les restes de minuscules créatures appelées polypes coralliens, tandis que le ciment qui les lie est principalement composé d'algues et de végétaux microscopiques. Le corail se développe dans des eaux claires et chaudes – de 21 à 30 °C – et abrite une faune et une flore sous-marines impressionnantes : anémones, méduses, éponges, vers, crustacés, plus de 2 000 espèces de poissons, quelque 4 000 espèces de mollusques et 6 des 7 espèces de tortues marines existant de par le monde.

Les prédateurs de ce récif ne se limitent malheureusement pas au requin à pointe blanche qui patrouille dans ses moindres recoins. La surexploitation de la pêche, la pollution, les forages pétroliers, les abus du tourisme et les collectionneurs de coraux pèsent comme autant de menaces sur l'écosystème. L'un des principaux motifs d'inquiétude réside dans le blanchiment des coraux dû à la perte des algues avec lesquelles ils vivent en symbiose. Ce phénomène s'explique par le réchauffement de l'eau, et il suffirait d'une légère augmentation de la température, due au réchauffement de la planète notamment, pour sonner le glas de la Grande Barrière. La variété et les couleurs de ce domaine corallien sont sans pareils à la surface de notre Terre. Combien de temps en profiterons-nous encore ? La réponse dépend beaucoup de nous.

LE PLUS GRAND ATOLL DU MONDE

L'atoll de Kiritimati

SITUATION Archipel de la Ligne, Est de Kiribati, Pacifique Sud
COORDONNÉES 1° 52′ 00″ N | 157° 25′ 00″ O

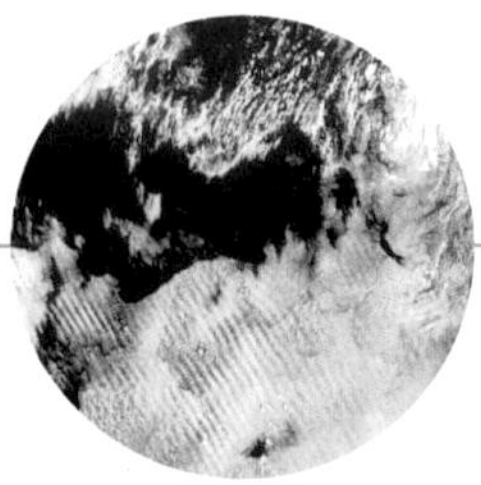

Connu aussi sous le nom d'île Christmas, Kiritimati est le plus grand atoll au monde, avec une surface totale émergée de 575 km^2.

Un atoll se forme à partir d'un volcan sous-marin émergé autour duquel se développent d'abord des récifs frangeants et des récifs-barrières. Lorsque le volcan s'affaisse, les récifs forment un anneau circulaire, l'atoll, entourant un lagon aux eaux peu profondes. Il arrive que les vagues finissent par pénétrer dans le lagon, qui se comble alors de sable et de débris coralliens pour former une île corallienne. La plus grande île corallienne du monde est celle de Lifou, dans l'archipel des îles Loyauté, en Nouvelle-Calédonie, avec une superficie de 1 146 km^2.

Découvert en 1777 par James Cook, l'atoll de Kiritimati servit de site pour les essais nucléaires des Britanniques en 1957 et 1958, et pour ceux des Américains en 1962. Aujourd'hui, l'atoll compte un peu moins de 3 000 habitants, dont des Micronésiens, des Polynésiens et quelques expatriés. Ses principales ressources sont le copra et la pêche.

Certains habitants se targuent de n'avoir jamais quitté leur île, et il est vrai que tout invite à y rester : de longues plages de sable corallien semées de cocotiers et de riants villages portant les noms de lieux lointains, comme Londres, Pologne, Paris, mais aussi – exception à la règle – Banane !

« Le récif corallien est un chantier sous-marin dont personne, non, personne ne connaît les plans. »

Philip Larkin

LES ÎLES LES PLUS MENACÉES DU MONDE

La République des Maldives

SITUATION Nord de l'océan Indien

COORDONNÉES 3° 12′ 00″ N | 73° 00′ 00″ E

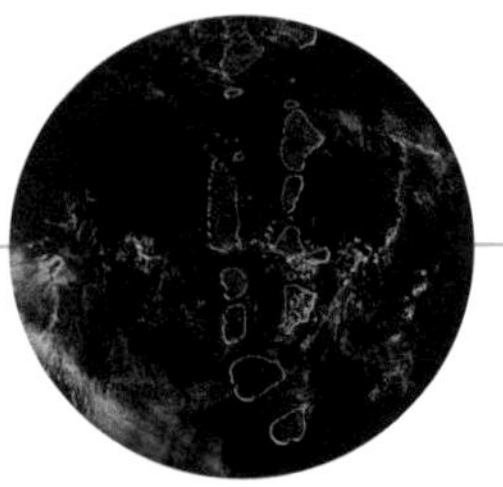

Les océans couvrent presque les trois quarts de la surface du globe. Il ne nous reste que 29 % de terres émergées auxquelles nous cramponner, mais le réchauffement de la planète risque de réduire encore ce capital en faisant fondre les calottes glaciaires, ce qui aura pour effet d'élever le niveau de la mer et d'inonder les zones côtières les plus basses.

Comme l'ensemble des océans s'élève à un rythme moyen d'environ de 2 à 4 cm par an – de 1 m à 2 m en cinquante ans –, les îles les plus basses ont des chances de disparaître au cours des cinq prochaines décennies. Les plus touchées par ce phénomène sont les îles Maldives, l'État le plus bas au monde. Composé de 1 192 îles coralliennes, cette république de l'océan Indien s'étend sur quelque 90 000 km^2, dont 99 % de mer ! Son île la plus élevée, Wilingili, culmine à 2,4 m seulement au-dessus du niveau de la mer, de sorte qu'elle est particulièrement vulnérable aux ondes de tempêtes, même les plus modestes.

Le Pacifique est constellé de plus de 25 000 îles, dont beaucoup sont menacées de submersion. L'île de Takuu, en Papouasie-Nouvelle-Guinée, sera sans doute la première à disparaître, et le relogement de ses 2 500 habitants est déjà prévu. Si les Mélanésiens peuplant Takuu s'installent sur une nouvelle île, leur civilisation risque de disparaître. Ils se transmettent leur histoire à travers des chants et sont capables d'en chanter un millier de mémoire. Si leur terre natale est submergée, leurs traditions s'en iront avec elle.

Tuvalu est un archipel de neuf atolls coralliens, qui culmine à 5 m au-dessus du niveau de la mer et pourrait être englouti dans les cinquante années à venir. Parmi les autres îles du Pacifique en danger figurent Kiribati, Niue et les îles Marshall. Le Bangladesh et le Sri Lanka ressentent aussi les effets de l'érosion marine et du réchauffement, qui menace les coraux.

LE PLUS GRAND OCÉAN DU MONDE

L'océan Pacifique
SUPERFICIE 180 millions de km^2

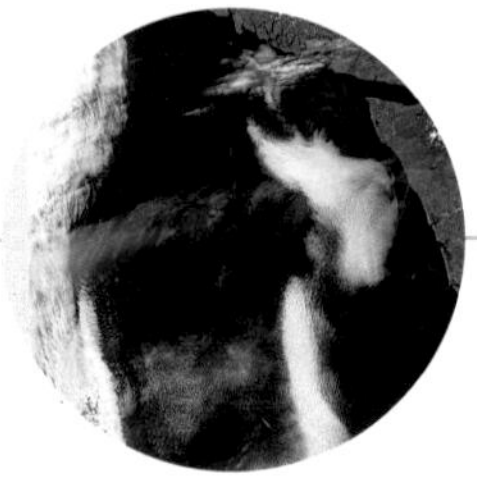

L'ensemble des océans couvrent 71 % de la planète, mais l'océan Pacifique en couvre, à lui seul, un tiers. Près de la moitié de l'équateur se trouve dans le Pacifique, dont le bassin renferme 46 % de l'eau présente sur Terre, soit plus que tous océans et mers du monde réunis.

L'océan Pacifique possède le point le plus bas de la planète, mesuré par le navire *Challenger* dans la fosse des Mariannes à –10 911 m, et contient aussi une bonne partie de la dorsale médio-océanique, l'immense chaîne montagneuse qui parcourt le tour du globe sous la mer. Ce qui se passe sous la surface est, par certains côtés, plus intéressant que ce qui se passe au-dessus. C'est là, en effet, que les plaques tectoniques convergent ou s'éloignent dans un ballet qui libère le magma des entrailles de la terre et donne naissance aux volcans sous-marins et aux îles.

Les premiers explorateurs du Pacifique furent sans doute les Asiatiques qui reliaient les îles lointaines à bord d'embarcations de fortune. Au XVe siècle, Marco Polo rapporta l'existence d'un « nouvel » océan situé au-delà de l'Asie. Le conquistador Vasco Nuñez de Balboa confirma que cet océan était distinct de l'Atlantique, et l'explorateur portugais Fernand de Magellan le baptisa « pacifique » sans connaître la violence de ses raz-de-marée et de ses tempêtes.

Avec ses tsunamis et sa « ceinture de feu », le Pacifique porte un nom aussi impropre que sa taille est démesurée.

LE PLUS PETIT OCÉAN DU MONDE

L'océan Arctique
SITUATION Pôle Nord
SUPERFICIE 14 millions de km²

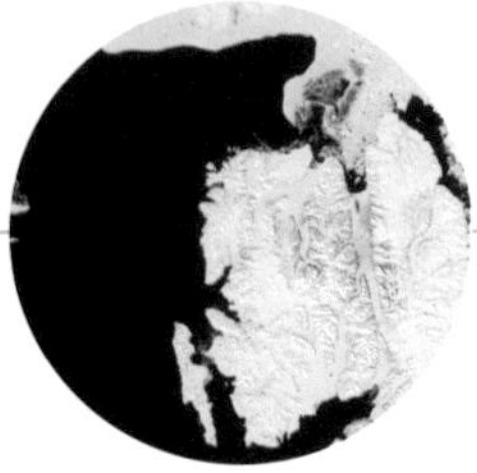

Bien qu'il soit le plus petit et le moins profond des océans du monde, l'océan Arctique illustre bien la proportion entre la terre et l'eau à la surface de notre globe. Avec ses baies et ses mers bordières, l'océan Arctique mesure 1,5 fois la taille des États-Unis mais ne représente que 4 % de la masse océanique mondiale. On pourrait en mettre treize dans le bassin du Pacifique.

D'octobre à juin, l'océan Arctique est couvert d'une immense couche de glace, le pack, dont la surface diminue de moitié en été. Bien qu'on ait longtemps pensé que la banquise, où la température peut tomber à –50 °C en hiver, ne se prêtait à aucune forme de vie terrestre, l'Arctique abrite plusieurs espèces d'animaux, telles que l'ours polaire, le phoque ou la sterne. L'hiver s'accompagne d'une obscurité permanente et d'un ciel dégagé, tandis que l'été se caractérise par un jour sans fin plongé dans une atmosphère humide et brumeuse.

Les Inuits désignent toute terre émergeant de la banquise par le mot *nunatak*. L'îlot d'Oodaaq est généralement considéré comme le *nunatak* le plus septentrional du monde. Découvert en 1900 par Robert Peary, cet îlot caillouteux situé à 1 600 km au nord du cercle polaire arctique se couvre parfois de glace et est difficile à localiser. Le réchauffement planétaire pourrait nous le faire redécouvrir, mais le prix à payer sera élevé.

L'amincissement de la banquise a déjà commencé dans l'océan Arctique, qui abrite plusieurs espaces menacées de morses et de baleines. Sous une apparence robuste, l'écosystème arctique est particulièrement vulnérable aux changements climatiques et à la destruction de l'environnement.

La partie centrale de l'océan Arctique est couverte toute l'année d'une chape compacte de glaces dérivantes appelée le pack. Contrairement à l'Antarctique, véritable continent entouré par l'océan, l'Arctique n'est fait que d'eau et de glace.

LA MER LA PLUS GRANDE DU MONDE

La mer de Chine méridionale

SITUATION Comprise entre l'Asie continentale, les Philippines et l'archipel indonésien
SUPERFICIE 3,7 millions de km^2

Bordée par certains pays à l'industrialisation fulgurante, sillonnée de voies maritimes parmi les plus fréquentées du monde – un supertanker sur deux l'emprunte –, la mer de Chine méridionale est aujourd'hui un carrefour plus vital que jamais. Limitée à l'ouest par le continent asiatique, au nord par Taiwan, à l'est par les Philippines et, au sud, par la Malaisie et l'Indonésie, la mer de Chine méridionale est constellée de centaines d'îlots, de récifs, de bancs et de hauts-fonds âprement revendiqués par les différents États qui la bordent.

Certains géographes considèrent que c'est la mer de Corail, dans le Pacifique Sud-Ouest, qui, avec ses 4,8 millions de km^2 et sa Grande Barrière de corail courant sur 2 000 km le long de la côte nord-est de l'Australie, est la plus grande mer du monde. Les autres estiment qu'elle fait partie intégrante du Pacifique, de la même façon que l'immense mer d'Arabie fait partie de l'océan Indien. Ce qui vaut à la mer de Chine méridionale de conserver le titre de plus grande mer du monde.

Bordée d'archipels et de péninsules, constellée d'îlots et de récifs coralliens, la mer de Chine méridionale possède un écosystème riche et varié. Les récifs coralliens abritent des milliers d'organismes et jouent un rôle capital dans la protection du littoral contre l'érosion de la mer.

LES OCÉANS DU MONDE

1 OCÉAN PACIFIQUE | SUPERFICIE 180 millions de km^2 | PROFONDEUR MOYENNE 4 300 m
2 OCÉAN ATLANTIQUE | SUPERFICIE 82 millions de km^2 | PROFONDEUR MOYENNE 3 650 m
3 OCÉAN INDIEN | SUPERFICIE 73 millions de km^2 | PROFONDEUR MOYENNE 3 350 m

2

3

LE FLEUVE LE PLUS LONG DU MONDE

Le Nil

SITUATION Afrique centrale et Afrique du Nord
LONGUEUR 6 695 km
COORDONNÉES À L'EMBOUCHURE 30° 10′ N | 31° 06′ E

Le Nil commence comme un mince filet d'eau sur les monts boisés dominant la vallée du Rift africain, mais se renforce à mesure qu'il s'abreuve à l'eau des chutes et des lacs peu profonds qui jalonnent son parcours pour affronter le désert avant de se jeter dans la Méditerranée. Son cours supérieur draine un bassin de 2 850 000 km^2 et alimente 98 % de l'agriculture égyptienne.

Le Nil est surtout connu pour être le berceau de l'une des plus vieilles civilisations, celle de l'Égypte ancienne, qui vit le jour il y a 5 000 ans sur ses rives fertiles, engraissées chaque année par le limon des hauts plateaux éthiopiens. Sans le Nil et ses plaines inondées, l'avenir de l'Égypte se serait enlisé dans les sables du Sahara. Les eaux du Nil et leurs riches alluvions permirent aux agriculteurs égyptiens à la fois de cultiver le grain et de le transporter. Le papyrus de ses rives devint le support de l'écriture et les voies d'échanges qu'il engendra aboutirent à la construction de villes, de temples et de tombeaux somptuaires pour les rois et pharaons. Les Égyptiens devinrent l'un des peuples les plus avancés au monde, comme en témoigne leur immortel héritage architectural et artistique.

Depuis que Ptolémée a déclaré que le grand fleuve prenait sa source dans les « montagnes de la Lune », celle-ci devint un challenge pour tous les explorateurs. On pensa longtemps que la source du Nil se situait dans le lac Victoria, deuxième plus grand lac d'eau douce au monde. Ce n'est qu'en 1937 qu'un explorateur allemand, Burkhart Waldecker, localisa sur les hauteurs de l'actuel Burundi le mythique ruisseau qui alimente le lac Victoria, lequel donne à son tour naissance au majestueux fleuve.

« Quiconque s'engage sur la mer du Nil doit avoir des voiles tissées de patience. »

William Golding

Le Huang He (fleuve Jaune) | 1931

SITUATION Chine

COORDONNÉES À L'EMBOUCHURE 37° 45′ 27″ N | 119° 04′ 34″ E

Le Yangzi Jiang – ou fleuve Bleu – est le plus connu des fleuves de Chine. C'est aussi, avec ses 5 980 km de longueur, le troisième fleuve du monde, et un Chinois sur trois vit dans le bassin qu'il draine. Pour enrayer les risques d'inondation – sur les 2100 ans séparant le début de la dynastie Han de la fin de la dynastie Qing, le fleuve a connu en moyenne une crue tous les dix ans et a fait des centaines de milliers de victimes –, la Chine a entrepris, avec le barrage des Trois Gorges, sa plus grand réalisation depuis la Grande Muraille : doté d'une retenue de 2 km et d'un réservoir de 595 km^2, il entrera en service en 2009 et sera le plus grand barrage hydroélectrique du monde.

Pourtant, en dépit de ses crues annuelles qui voient le niveau de l'eau monter de 6 à 17 m, le Yangzi n'est pas responsable des pires inondations qu'a connu le pays. Depuis des siècles, le Huang He – ou fleuve Jaune – est le plus meurtrier. Long de 4 845 km, ce fleuve, qui prend sa source dans les montagnes du Qinghai, au nord, et se jette dans la mer Jaune, tua, en 1887, près de 2 millions de personnes, et près de 1 million en 1938. En août 1931, une défluviation – surnommée plus tard « le deuil de la Chine » – provoqua, avec la famine qui s'ensuivit, plus de 3,7 millions de morts et des millions de sans-abri.

Ce sont les alluvions déposés par le Huang He qui donnèrent naissance à la Grande Plaine de la Chine du Nord, l'une des premières zones agricoles du pays. Mais ce sont aussi ces millions de tonnes d'alluvions qui font sortir le fleuve de son lit. Depuis longtemps, les Chinois, tentent de réguler le flux du Huang He en construisant des digues, des barrages et des canaux, et ils espérent que le complexe hydraulique de Xiaolangdi, entrepris en 1991, mettra un terme définitif à ces dévastations.

Autrefois redoutable par ses crues monstrueuses, le fleuve Jaune (ici pris par les glaces) ne parvint même pas jusqu'à la mer pendant la saison sèche de 1972. C'était la première fois de son histoire. En 1998, il ne fut alimenté en amont que par la moitié des lacs du plateau tibétain, et 4 500 ouvrages de détournement pompèrent les dernières forces de cet ancien dragon fluvial.

LE FLEUVE LE PLUS PUISSANT DU MONDE

L'Amazone

SITUATION Brésil, Amérique du Sud

COORDONNÉES À L'EMBOUCHURE 0° 10′ 00″ S | 49° 00′ 00″ O

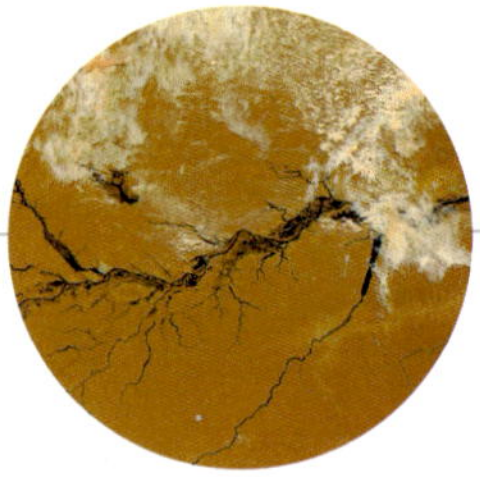

Vaste, riche et menacé, l'Amazone est le premier fleuve d'Amérique du Sud, mais aussi le premier fleuve du monde tant par sa longueur – 7025 km – que par l'étendue des terres drainées – 6 millions de km^2. Certains le placent en deuxième position derrière le Nil, car il ne porte son nom que sur 6400 km, après avoir pénétré dans la grande plaine amazonienne. Auparavant, lorsqu'il draine le versant oriental de la cordillère des Andes, il s'appelle le Marañon.

La poésie n'est jamais très éloignée de la science en Amazonie et, d'après un mythe de la création, le fleuve serait né des amours impossibles entre le Soleil et la Lune. Incapable de partager le ciel en même temps que son bien-aimé, la Lune se serait mise à pleurer, et ses larmes auraient inondé la forêt avant d'aller se jeter dans la mer. C'est le conquistador Francisco de Orellana qui baptisa le fleuve en l'honneur des guerrières de la mythologie grecque, les célèbres amazones, car il avait vu des femmes prêtes à se battre pour en protéger les berges.

L'Amazone prend sa source dans la cordillère des Andes, au Pérou, à 160 km de l'océan Pacifique, alors que son embouchure se situe à l'autre bout du continent, sur la côte atlantique où il forme un estuaire de 240 km de large, émaillé de basses îles alluviales. Le fleuve charrie à lui seul plus d'eau que les dix autres plus grands fleuves du monde, soit environ un cinquième de toutes les eaux de ruissellement de la Terre. Il déverse environ 6,5 km^3 d'eau à la minute dans l'océan Atlantique, assez pour permettre à tous les Terriens de prendre une douche de 60 litres toutes les heures ! Son débit est si puissant que l'eau de l'océan s'en trouve adoucie jusqu'à 160 km des côtes.

L'Amazone qui alimente la plus grande forêt pluviale du monde, abrite une faune variée – anguilles électriques, colibris, perroquets, anacondas, alligators, papillons géants, etc. – aussi riche que la culture des tribus indigènes (Panara, Yanomami) qui peuplent depuis des millénaires ce grandiose écosystème.

Les chutes de l'Iguaçu

SITUATION À la frontière de l'Argentine, du Paraguay et du Brésil
COORDONNÉES 25° 41′ 00″ S | 54° 26′ 00″ O

Les chutes de l'Iguaçu s'entendent bien avant d'être vues. Durant la saison des pluies, le tumulte des eaux de ce rio, qui vient alimenter le deuxième fleuve d'Amérique du Sud, le Paraná, à la frontière entre le Brésil, le Paraguay et l'Argentine, annonce des chutes tumultueuses dont le débit peut être deux fois plus important que celui des chutes du Niagara, alors qu'à la saison sèche, la cascade se réduit parfois à un brouillard muet.

Les chutes de l'Iguaçu, qui s'étendent sur 4 km au sommet d'une falaise en forme de fer à cheval, offrent quelque 275 cascades séparées par des îlots rocheux à la végétation luxuriante. L'eau peut dévaler à pic les 82 m de dénivelé ou être interrompue dans sa chute par les saillies de la roche et se changer en brume vaporeuse teintée d'un éblouissant arc-en-ciel. Ces chutes spectaculaires ont pour cadre un plateau de lave apparu à la surface de la Terre il y a plus de 135 millions d'années. Elles sont entourées de forêts de bambous, de palmiers et de fougères arborescentes. Perroquets et aras volettent dans le feuillage, rivalisant de couleur avec les orchidacées, les bégoniacées et les broméliacées.

Le mot Iguaçu signifie « grandes eaux » dans la langue indienne locale mais, pour les premières civilisations, c'était l'« endroit où naissent les nuages ». Selon la légende, les chutes furent créées lors d'un accès de rage de la divinité du rio, qui résidait dans une zone particulièrement sauvage du site, la Garganta do Diablo – « la gorge du Diable ».

Le premier Européen qui observa les chutes fut le conquistador espagnol Alvar Nuñes qui, en 1541, nota dans son journal : « Le courant de l'Iguaçu est si fort que les canoës sont emportés à toute allure par le flot… le bruit que fait l'eau plongeant du sommet des hautes roches dans l'abîme s'entend de fort loin, et les embruns s'élèvent à deux jets de javelot et plus au-dessus des chutes. »

Selon une légende guarani, les chutes de l'Iguaçu furent créées par un dieu de la forêt qui fit voler en éclats le lit du rio pour empêcher un homme d'enlever à bord de son canoë la jeune fille dont il était épris. Précipitée dans le rio, la belle se

changea en rocher pour être à tout jamais baignée par le torrent impétueux. Son bien-aimé fut, quant à lui, changé en arbre. Accroché à la falaise, il est condamné à se pencher à tout jamais au-dessus de l'abîme à la recherche de son amour perdu.

LA CHUTE D'EAU LA PLUS HAUTE DU MONDE

Le Salto Angel
SITUATION Gran Sabana, Venezuela
HAUTEUR 979 m
COORDONNÉES 5° 57′ 00″ N | 62° 30′ 00″ O

L'un des passe-temps favoris de l'Amérique de la Crise de 1929 consistait à se jeter du haut des chutes du Niagara (50 m) dans un tonneau en bois. Les casse-cou qui survécurent purent ainsi empocher leur récompense.

Mais, à côté du Salto Angel, la chute d'eau la plus haute du monde, les chutes du Niagara évoquent un vulgaire robinet. Situé au Venezuela, sur un tepui de la Gran Sabana, le Salto Angel présente un dénivelé de 979 m, le long duquel l'eau tombe en chute libre de 807 m. Ces dimensions hors du commun font que l'eau se transforme en un fin brouillard avant même d'avoir touché le sol.

Les chutes doivent leur nom à Jimmy Angel, un pilote américain qui, en 1935, emmena un vieux chercheur d'or mexicain sur un tepui de la Gran Sabana. En trois jours, ils récoltèrent quelque 30 kg d'or. Un an plus tard, Angel essaya de retrouver le site sans succès. Après plusieurs survols de la zone, il posa son monoplan *Flamingo* sur le sommet de l'Auyan-tepui, près de l'étroite rivière Churún. Comme l'avion s'était embourbé, il lui fut impossible de redécoller et il dut marcher pendant onze jours avant de retrouver la civilisation. C'est ainsi qu'il découvrit, tout près de l'endroit où il avait atterri, la plus haute chute d'eau du monde, qui fut baptisée Salto Angel.

L'avion est le seul moyen d'accéder au site et de l'admirer. Le tout est de ne pas se tromper de saison car, si la chute est tumultueuse pendant la saison des pluies, de juin à décembre, elle se peut se réduire à un maigre filet d'eau pendant la saison sèche.

« À mesure qu'elle tombe, l'eau d'une chute se fait plus lente et plus légère. »

Friedrich Nietzsche

LA PLUS GRANDE CONCENTRATION DE GEYSERS DU MONDE

Le parc national de Yellowstone

SITUATION À cheval sur le Wyoming, l'Idaho et le Montana, États-Unis
COORDONNÉES 44° 46′ 00″ N | 110° 14′ 00″ O

Le geyser le plus connu – et le plus prévisible – du monde est le Old Faithful – « vieux fidèle » –, dans le parc national de Yellowstone, qui jaillit régulièrement au moins une fois toutes les 90 minutes.

Le Yellowstone est situé dans un bassin volcanique actif des Rocheuses qui, avec ses cavités s'enfonçant profondément dans la croûte terrestre, constitue le terrain idéal pour les geysers. Les geysers sont des variétés de sources chaudes qui émettent périodiquement de l'eau et de la vapeur sous pression. En s'infiltrant, l'eau atteint des zones où elle s'échauffe, parfois jusqu'à plus de 300 °C, mais, lorsque la vapeur se retrouve piégée, la pression projette sporadiquement une colonne d'eau dont la température est voisine de 93 °C à l'air libre.

L'origine volcanique du plateau de Yellowstone est attestée par ses quelque 10 000 sources chaudes, dont 300 geysers. Le Vieux Fidèle (ci-contre) jaillit 10 à 40 fois par jour, projetant chaque fois, quelque 40 m^3 d'eau à près de 50 m de hauteur. Son voisin, le Steamboat, qui projette des colonnes d'eau de 122 m de hauteur, est le geyser le plus puissant du monde.

Le mot *geyser* nous vient d'Islande, pays familier des phénomènes géothermiques de toutes sortes. Lorsqu'il jaillit pour la première fois au XIVe siècle, le Geysir – « jaillissant » – fascina les Islandais et, bien qu'il soit aujourd'hui éteint, son nom resta pour qualifier les sources chaudes de ce type. L'Islande possède l'un des geysers les plus actifs du monde, le Strokkur – « la baratte » –, qui bouillonne et jaillit toutes les 15 minutes.

LES PLUS GRANDS ICEBERGS DU MONDE

SITUATION Au large de l'Antarctique et du Groenland

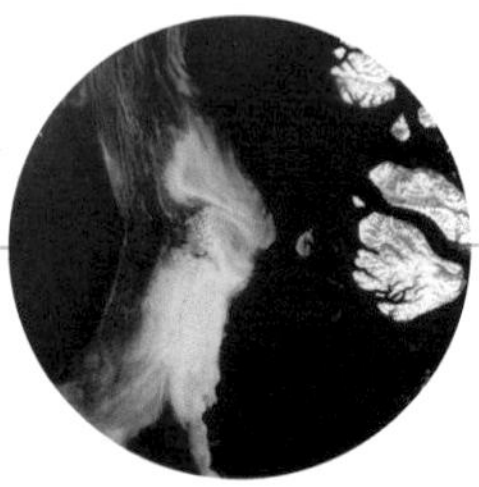

Les icebergs sont d'immenses blocs de glace d'eau douce flottant sur les mers après s'être détachés des glaciers. Les icebergs les plus volumineux ont été mesurés il y a quelques dizaines d'années, mais les relevés n'ont jamais été contestés : le plus grand iceberg de l'histoire fut observé le 12 novembre 1956. Il mesurait 335 km de long sur 97 km de large, soit la taille de la Belgique.

Comme la densité de la glace est égale à 87 % de celle de l'eau de mer, 87 % du volume des icebergs est immergé. L'iceberg le plus haut jamais observé dérivait en 1958 au large du Groenland et culminait à 168 m au-dessus du niveau de la mer. Environ trois fois plus élevé que la tour de Pise, il avait toutefois beaucoup plus de chances qu'elle de s'effondrer !

La plupart des icebergs de l'hémisphère Nord proviennent des glaciers du Groenland, et certains, emportés par les courants, dérivent dans l'Atlantique Nord jusqu'au parallèle 45°N. De même, les icebergs originaires de la banquise antarctique peuvent dériver vers le nord jusqu'au parallèle 40°S. Au début de l'an 2000, les relevés satellite effectués par le National Oceanic and Atmospheric Administration Corps ont repéré un iceberg de 295 km de long et 37 km de large – soit la taille de la région Île-de-France.

« Les icebergs commandent à l'âme (créée comme eux à partir des éléments les moins tangibles) de les voir ainsi : réels, majestueux, indivisibles. »

Elizabeth Bishop

La glace est naturellement bleue car la partie rouge du spectre est absorbée par les molécules d'eau, qui ne réfléchissent plus que de la lumière bleue. Le blanc provient de la réflexion de la lumière sur les bulles d'air emprisonnées dans la glace.

« Si la fracture de l'iceberg était récente, sa face la plus jeune luisait d'un bleu verdâtre, tandis que les autres étaient plus ternes, plus grises. Au crépuscule, la glace prenait les couleurs du soleil : rose tendre, jaune orangé, pourpre délavé.

Tout en la reflétant, la glace emprisonnait la lumière dans les moindres recoins de ses cristaux pour mieux la magnifier. »
Barry Lopez, *Rêves arctiques*, 1986

LE PLUS GRAND GLACIER DU MONDE

Le glacier Lambert-Fisher
SITUATION Antarctique oriental
DIMENSIONS 515 km de long | 65 km de large
COORDONNÉES 71° 00′ 00″ S | 70° 00′ 00″ E

Un glacier est avant tout une rivière de glace, un énorme amas de neige dense et compacte qui peut s'étendre dans toutes les directions ou s'écouler lentement par une vallée, en la creusant et en arrachant des débris de roche dans sa course. Situé dans l'Antarctique oriental, le glacier de Lambert-Fisher forme la plus longue vallée glaciaire du monde et convoie tous les ans d'énormes quantités de glace depuis le plateau antarctique. Il couvre une surface pouvant atteindre plus de 1 million de km^2, soit deux fois la superficie de la France, et se déplace à une vitesse de 400 à 900 m par an, qui augmente à mesure qu'il progresse et perd en épaisseur.

La calotte glaciaire de l'Antarctique est si lourde qu'une grande partie du continent s'est affaissée. Le point le plus bas est la tranchée sous-glaciaire de Bentley, située à 2 537 m sous le niveau de la mer.

Bien que le glacier de Lambert soit trop froid et trop éloigné pour accueillir une station scientifique toute l'année, les chercheurs l'étudient et y font des relevés par satellite pour mieux comprendre l'évolution des climats. Depuis 10 000 ans, les glaciers ne cessent de perdre du terrain, et la plupart fondent plus vite qu'ils ne se régénèrent. On estime que si toute la glace continentale venait à fondre, le niveau des mers s'élèverait d'environ 70 m. Sans en arriver là, la fonte même partielle de l'inlandsis suffirait à engloutir les archipels peu élevés comme celui des Maldives, par exemple.

La vaste calotte glaciaire de l'Antarctique peut sembler foncièrement hostile à la vie, mais en a-t-il toujours été ainsi ? Il y a quelques années, les scientifiques ont trouvé à 2 135 m d'altitude, sur le mont Achernar, à 800 km du pôle Sud, des souches d'arbres fossilisées.

LE GLACIER LE PLUS RAPIDE DU MONDE

Le glacier Columbia

SITUATION Entre Anchorage et Valdez, Alaska, États-Unis
COORDONNÉES 61° 13′ 11″ N | 146° 53′ 43″ O

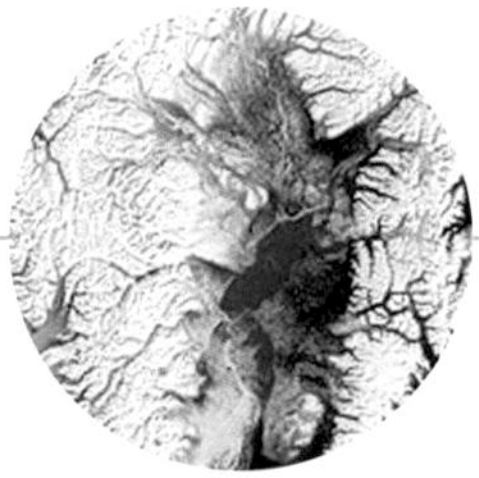

On qualifie de « galopants » les glaciers qui avancent à une vitesse supérieure à la vitesse de progression moyenne des glaciers – de 2,5 à 5 cm par jour. Les glaciers galopants sont aussi rares que destructeurs. Lorsqu'un glacier normal amorce son « galop », son écoulement normal est obstrué : une vague de glace se forme à l'avant, sa surface se gondole et sa progression s'accompagne de crissements et de craquements.

Le glacier le plus rapide du monde est actuellement le Columbia, en Alaska. En 1999, on a estimé qu'il avait progressé entre Anchorage et Valdez à la vitesse moyenne de 35 m par jour!

Autre grand glacier épris de vitesse, le Kutiah, dans le massif du Karakorum, à l'ouest de l'Himalaya, qui, en 1953, parcourut plus de 12 km en trois mois, soit une moyenne de 133 m par jour. Le Kutiah recouvrit des forêts et des champs, et même des villages furent engloutis sous la glace. Comparé à la plupart des glaciers, comme l'Athabasca, dans les Rocheuses canadiennes, qui parcourt moins de 1 m par jour, le Kutiah avançait à un train d'enfer!

Les scientifiques ne s'expliquent pas pourquoi la vitesse du glacier de Columbia a doublé au cours de ces vingt dernières années. Il se pourrait que le réchauffement planétaire ait provoqué en partie la fonte de sa base, facilitant son glissement le long de la pente rocheuse sous-jacente.

La vallée glaciaire est creusée et arasée à mesure que le glacier progresse sous l'effet de son propre poids. Mais le glacier laisse derrière lui un sillage bénéfique sous forme de milliards de litres d'eau douce, qui alimentent les fleuves, façonnent de nouveaux lacs, nourrissent les sols fertiles et créent des bassins montagneux de toute beauté.

LE PLUS LONG FJORD DU MONDE

Le fjord de Scoresby

SITUATION Côte orientale du Groenland
LONGUEUR 314 km
COORDONNÉES 71° 40′ 00″ N | 27° 17′ 00″ O

La blague a fait le tour des géologues : Quelle est la voiture préférée des glaciers ? La « Fjord », bien sûr !

Anciennes vallées glaciaires en U, les fjords sont d'étroits bras de mer qui s'enfoncent profondément dans les terres. Leurs eaux calmes cachent des profondeurs surprenantes, qui augmentent généralement à mesure que l'on s'enfonce dans les terres, proportionnellement à la pression exercée autrefois par le glacier. Le seuil relativement peu profond qui marque l'embouchure des fjords ne favorise pas les échanges de masses d'eaux de ces ports naturels, et leurs fonds sont tapissés de boue noire, riche en hydrogène sulfuré – gaz incolore et toxique à l'odeur caractéristique d'œuf pourri –, qui peut être utilisée pour la production de sulfures.

De nombreux fjords plongent à des profondeurs étonnantes, comme le Sognefjorden, en Norvège, qui s'enfonce de 177 km dans les terres et mesure 1 308 m de profondeur. Ses parois culminent à 1000 m d'altitude. Mais le plus long fjord du monde, le fjord de Scoresby, qui s'enfonce à 314 km à l'intérieur des terres, se trouve sur la côte orientale du Groenland.

Les fjords se concentrent principalement en Norvège, en Alaska, au Chili, en Nouvelle-Zélande, au Canada et au Groenland. Leurs parois abruptes et nues servent parfois de cadre à des chutes d'eau très spectaculaires. Les plus hautes falaises du monde se dressent au-dessus du fjord de Torssukatak, sur la côte sud du Groenland, et culminent à 1 609 m.

La forme encaissée des fjords favorise la formation, en hiver, d'une banquise côtière qui donne naissance à des icebergs. En dérivant, ceux-ci empruntent les voies de circulation maritime et constituent un danger pour la navigation.

LA CREVASSE LA PLUS PROFONDE DU MONDE

Les glaciers antarctiques

SITUATION Antarctique oriental
COORDONNÉES 71° 00' 00" S | 70° 00' 00" E

De combien de mètres peut-on s'enfoncer dans les entrailles d'un glacier ? Personne ne le sait : les malheureux explorateurs qui l'ont expérimenté ne sont jamais revenus pour nous le dire…

Les crevasses sont de profondes fissures qui se produisent dans un glacier, le plus souvent dans les 50 premiers mètres superficiels, là où la glace est la plus cassante. En profondeur, la glace est plus flexible et peut glisser sur les irrégularités du terrain sans se briser. Les crevasses se produisent également lorsque les différentes parties du glacier se déplacent à des vitesses différentes. Lorsqu'un glacier glisse le long d'une vallée, l'axe central se déplace plus rapidement que les côtés, qui ont tendance à frotter sur les parois rocheuses. Les crevasses les plus profondes jamais mesurées plongent à 45 m dans la glace, soit la hauteur d'un immeuble de 15 étages.

Partout où il y a des glaciers – Groenland, Antarctique, Alaska, Himalaya –, il y a des crevasses, et on comprend que les explorateurs hésitent à s'aventurer dans les plus profondes. Celles-ci se trouvent probablement en Antarctique, recouvert à 98 % d'une épaisse calotte glaciaire, avec des glaciers dits alpins, qui naissent sur les hauteurs des massifs montagneux et suivent les vallées, et des glaciers continentaux, qui se développent dans toutes les directions. Comme la pesanteur s'exerce vers le bas, ce sont les couches supérieures des glaciers qui ont tendance à se fissurer. Comblées par de la neige fraîche, les crevasses deviennent invisibles et constituent alors des pièges redoutables pour les traîneaux, les chiens et les hommes. Les plus dangereuses, et sans doute les plus profondes, s'ouvrent près des côtes et des sommets de l'Antarctique.

Les fissures de glace peuvent recéler des restes très anciens en parfaite conservation. En 1991, on découvrit dans les Alpes italiennes la momie naturelle d'Ötzi, un homme mort de froid il y a 5 300 ans, entouré de tous ses vêtements et équipements. L'homme des glaces devait mesurer 1,64 m et peser 40 kg ; il avait une quarantaine d'années au moment de sa mort.

LES PLUS GRANDES GROTTES DE GLACE DU MONDE

Les grottes d'Eisriesenwelt

SITUATION Près de Salzbourg, Autriche
COORDONNÉES 47° 31' 00" N | 13° 10' 00" E

La visite des grottes d'Eisriesenwelt – littéralement « univers des géants de glace » –, à quelques kilomètres de Salzbourg, donne l'impression d'un voyage au cœur des régions les plus profondes et les plus froides de la Terre. Les galeries ont été creusées par un ancien cours d'eau qui a laissé en surface des puits et des dépressions. Au fil du temps, les eaux dues à la fonte des neiges et aux pluies se sont infiltrées dans le substrat calcaire jusque dans des grottes. On prétend aujourd'hui que ce monde souterrain tentaculaire respire : en hiver, l'air froid s'engouffre dans les galeries, faisant geler l'eau qui s'y est infiltrée pendant les mois chauds. En été, une brise fraîche reflue vers la surface, empêchant la fonte des glaces.

Découvertes en 1879, ces grottes furent cartographiées en 1913 et ouvertes au public sept ans plus tard, grâce à l'ajout d'escaliers et de passerelles. Le site attire aujourd'hui quelque 200 000 visiteurs par an, qui n'ont accès qu'à une portion de 1 km sur les 42 km de galeries.

Près de l'entrée, la couche de glace qui recouvre les parois atteint une épaisseur de 20 m, et les salles offrent de fantastiques formations de glace : piliers monumentaux, tours, cascades gelées, etc. L'une d'elles rappelle un éléphant, d'autres évoquent une cathédrale ou un trône. Les couches de glace, colorée par les minéraux dissous dans l'eau et par des siècles de gel et de dégel, forment une superbe mosaïque. Certaines des salles de ce palais de glace souterrain portent des noms tirés de la mythologie scandinave – parfaitement adaptés malgré le décalage géographique.

Les grottes glaciaires sont le travail de l'érosion de la glace formée par les eaux d'infiltration. Durant l'été, l'eau s'infiltre dans les crevasses et les failles du glacier qui, avec le temps, s'élargissent et gagnent en profondeur. Ci-dessus : grotte de glace du parc national Séquoia, en Californie. Pages suivantes : grotte du glacier Perito Moreno, dans le parc national des Glaciers, en Argentine.

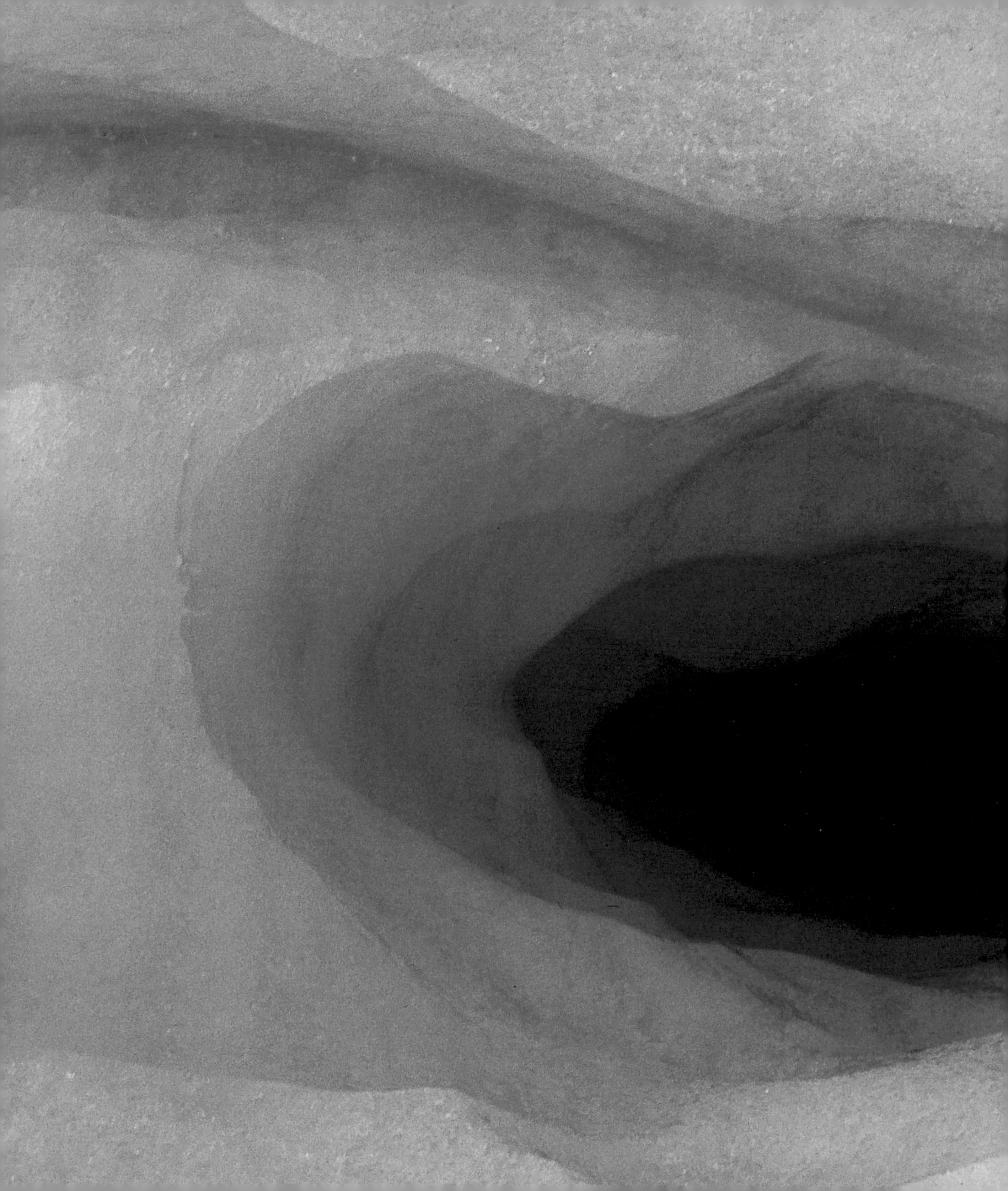

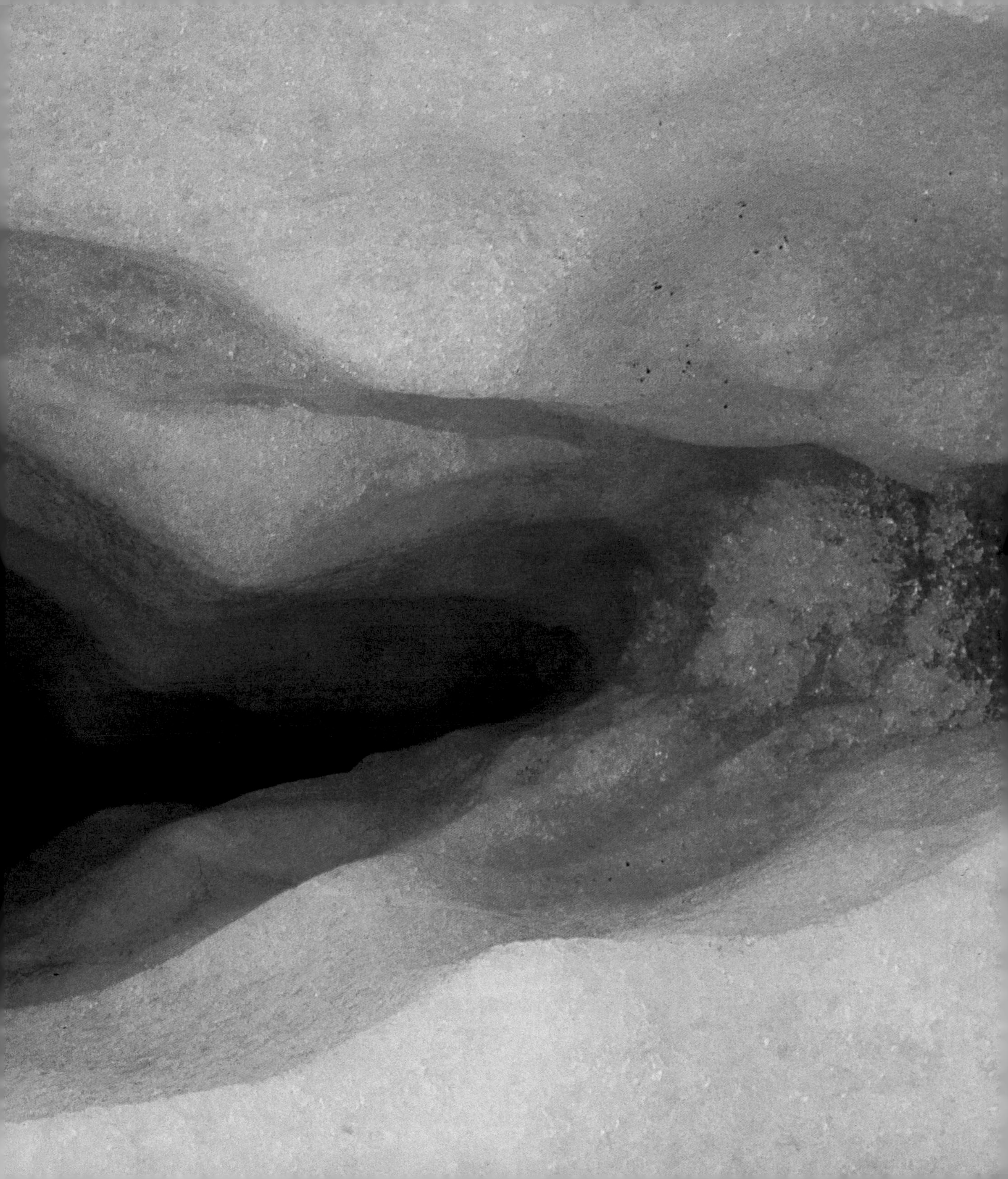

Les salines d'Uyuni

SITUATION Centre de la Bolivie
SUPERFICIE 17 480 km^2
COORDONNÉES 20° 20′ 00″ S | 67° 42′ 00″ O

Tapissée d'épaisses croûtes de sel, la cuvette desséchée du *salar* d'Uyuni, en Bolivie, forme la plus grande plaine saline du monde. Traverser ce magnifique paysage blanc, à pied ou par la route, a quelque chose d'irréel.

Sous un soleil étincelant, on pourrait se croire sur une vaste étendue de glace ou de neige en plein Antarctique. Et, par une nuit de pleine lune, la forte réverbération des rayons lunaires vous transpose dans un paysage surnaturel et aussi improbable qu'un parking sur Mars. Durant la saison des pluies, de décembre à avril, les salines sont recouvertes d'eau et se transforment en miroirs géants reflétant les chaînes de montagnes qui bordent l'horizon.

Situées à 3 665 m d'altitude, les salines d'Uyuni occuperaient, d'après les géologues, la partie la plus profonde d'un ancien lac, le lac Tauca, qui couvrait la région jusqu'il y a environ 12 000 ans. Durant la saison humide, le niveau de l'eau dépasse rarement 1 m de hauteur, alors que les couches de sel peuvent atteindre 120 m d'épaisseur. Ce curieux écosystème salin abrite une flore et une faune spécifiques, parmi lesquelles des cactées, des flamants et une espèce de lapin appelé vischaca.

Les « bouches de l'Enfer », c'est ainsi que les colons espagnols du XVIIe siècle appelaient les mines d'argent du Cerro Rico, un pic aride et rouge, tout proche.

Durant la saison des pluies, le *salar* d'Uyuni se transforme en lac dans lequel se reflètent les cônes de sel, minéral vital qui fit les beaux jours des exportations boliviennes, bien avant la coca. Même dans ce désert de sel, la vie parvient à se développer.

LE POINT LE PLUS BAS DE LA TERRE

La mer Morte
SITUATION Frontière entre Israël et la Jordanie
ALTITUDE 394 m en dessous du niveau de la mer
COORDONNÉES 31° 30′ 00″ N | 35° 30′ 00″ E

Située à 394 m en dessous du niveau de la mer, la dépression de la mer Morte prolonge la faille des rifts africains et ses eaux sont parmi les plus salées du monde. La salinité – six fois plus élevée que la salinité moyenne de l'eau de mer – est telle qu'aucune vie ne peut s'y développer, ni végétaux, ni algues, ni poissons. Les sociétés d'extraction de minerais – potasse et brome principalement – s'en accommodent toutefois très bien ! Tout comme les stations thermales qui accueillent les touristes pour les propriétés bénéfiques de l'eau – si dense qu'il est possible de s'y asseoir pour lire le journal ! Du fait de son environnement désertique et du fort ensoleillement, la mer Morte perd une grande quantité d'eau par évaporation : comme ces pertes ne sont plus compensées par les eaux du Jourdain, détournées pour l'irrigation, le niveau a baissé de 11 m au cours de ces quarante dernières années.

C'est sur la rive sud-ouest de la mer Morte que se seraient élevées les cités antiques de Sodome et Gomorrhe, mais il faut beaucoup d'imagination pour retrouver leurs traces. Du fait de sa position et de son faible taux d'hygrométrie, la mer Morte génère un microclimat idéal pour la préservation des manuscrits et, en 1947, de jeunes Bédouins firent une découverte extraordinaire. Ils trouvèrent dans une grotte des jarres renfermant des écrits datant d'une période allant du IIIe siècle av. J.-C. à l'an 68 de notre ère. Ces rouleaux ont quelque mille ans de plus que les plus anciens manuscrits hébreux connus jusqu'alors.

Alimentée par le Jourdain au nord, par des sources et des ruisseaux à l'est et à l'ouest, la mer Morte n'a aucun effluent et l'évaporation y est très forte. Ses eaux sont six fois plus salées que celles des océans.

LE LAC D'EAU DOUCE LE PLUS PROFOND DU MONDE

Le lac Baïkal

SITUATION Sud-est de la Sibérie, Russie
DIMENSIONS 1 742 m de profondeur | 31 494 km³ d'eau douce
COORDONNÉES 54° 00′ 00″ N | 109° 00′ 00″ E

Pas besoin d'être un spécialiste de la Sibérie pour savoir que le lac Baïkal est le plus profond et le plus pur du monde. Mais il est bon de rappeler ici quelques unes de ses caractéristiques.

La profondeur moyenne du lac Baïkal est de 730 m et son point le plus profond se situe à 1742 m. Ses eaux, très faibles en minéraux – 96,4 mg/l contre 400 mg/l en moyenne pour les autres lacs –, sont si pures qu'elles peuvent remplacer l'eau distillée. Avec une distance de pénétration de la lumière de 40 m, elles sont dix fois plus transparentes que la moyenne.

Le Baïkal contient 20 % des eaux douces lacustres de la planète, soit un volume équivalent à l'ensemble des Grands Lacs américains. Enfin, et c'est là le chiffre le plus important, il est âgé d'au moins 20 millions – voire 30 millions – d'années. En principe, un lac est comblé par les sédiments au bout de 10 à 15 000 ans. Les particules en suspension finissent progressivement par former une sorte de couvercle ou une tourbière susceptible de s'assécher. Pour les limnologues, les caractéristiques physico-géographiques uniques du lac Baïkal expliquent la diversité et le caractère endémique de la vie organique qui s'y développe : sur un total de plus de 2 000 espèces, 15 % des espèces végétales et 60 % des espèces animales sont strictement endémiques.

Le biologiste et écologiste Oleg K. Gusev, l'un des plus éminents défenseurs du lac Baïkal, est encore plus catégorique : « Le point le plus profond du bassin rocheux du lac se situe à environ 7 000 m en dessous du niveau de la mer. Ce lit rocheux constitue la plus profonde dépression du monde. Ses racines dissèquent la croûte terrestre et pénètrent dans le manteau supérieur à une profondeur de 50, voire 60 km. Pour employer une métaphore, on peut dire que la dépression du Baïkal est une fenêtre ouverte sur les entrailles de la Terre, qui nous permet de comprendre ses processus internes. »

Dervla Murphy

Dervla Murphy

BAÏKAL

Les voyageurs actuels abordent généralement le lac le plus précieux et le plus irremplaçable du monde à deux niveaux : ils sont à la fois fascinés par ses caractéristiques originales et touchés par sa dimension spirituelle. Le mot « spirituel » est peut-être mal choisi, car il laisse supposer un regard sentimental et flou sur la réalité du monde. Parlons alors de panthéisme, d'identification de la nature avec Dieu. Nombreux sont ceux qui pensent qu'il faudrait être fou pour vénérer un lac, un arbre ou le sommet d'une montagne. Or, c'est ainsi que l'homme admet le lien de dépendance qui l'unit à son environnement naturel. L'homme moderne s'enorgueillit d'avoir dominé la Terre. Ce qu'il ne voit pas, c'est que son mépris pour la nature constitue la plus grande menace à long terme pour l'espèce humaine.

Des siècles avant que les scientifiques ne se penchent sur ses caractéristiques originales, les quelques tribus qui peuplaient les rives sibériennes du lac Baïkal connaissaient sa magie et le révéraient comme une « mer sacrée ». Aujourd'hui, l'arrière-pays montagneux qui entoure le lac est resté isolé du monde, les rares constructions se limitant à quelques cabanes en rondins construites sur la berge et utilisées par les chasseurs et les pêcheurs de passage.

Les touristes ne sont pas plus nombreux et, le jour où je traversai à la voile le lac Baïkal pour rejoindre le cap Kotelnikovsky, connu ici pour ses sources chaudes, nous n'étions qu'une poignée de passagers. Le temps – ciel couvert et vent froid – était exceptionnel pour un mois d'août. Mais l'humeur maussade du lac Baïkal, dont les vagues venaient s'éclater sur notre bateau, créait une connivence avec l'eau. Au milieu de la traversée, qui dure trois heures, aucune des rives n'était plus visible : encore un témoignage de l'ampleur du Baïkal qui, avec ses 600 km de longueur, est une véritable mer intérieure. Soumise à un microclimat, la région du lac est beaucoup plus ventée que le reste de la Sibérie et légèrement moins froide en hiver car les eaux profondes du lac constituent un radiateur à accumulation.

Les sources chaudes (86 °C en toute saison) occupent une magnifique clairière entourée de hauts cèdres. Une vingtaine de personnes s'y trouvaient déjà. Certaines buvaient l'eau d'une source couverte qu'elles puisaient à l'aide d'une énorme louche en bois, d'autres emplissaient des bouteilles en plastique à la façon des pèlerins de Lourdes. Depuis des millénaires, les indigènes croient aux pouvoirs guérisseurs de leurs sources chaudes pour toutes sortes d'affections, et les Russes de toutes conditions sociales partagent aujourd'hui leurs convictions.

Nous naviguâmes encore une heure au sud, longeant une taïga qui s'élevait à pic au-dessus de la roche sombre du rivage. Je notai à regret la rareté des oiseaux : de toute la journée, nous ne vîmes que quelques petites colonies de goélands argentés. J'appris plus tard que les espèces d'oiseaux avaient beaucoup souffert du développement industriel du bassin.

En passant devant les montagnes chaotiques, voire menaçantes, qui se dressent à angle droit face à la mer, après les falaises couvertes de lichen d'Olkhon – la plus grande des 27 îles du lac Baïkal –, je plongeai la main dans les eaux fraîches et me mis à penser à l'*Epischura*, un minuscule crustacé qui n'existe que dans le Baïkal. Ces millions d'animalicules éliminent toutes les matières organiques étrangères, y compris les os et les tissus autres que synthétiques, ce qui explique qu'aucune dépouille n'a jamais été repêchée des eaux du lac. L'epischura élimine toute trace de présence humaine et maintient l'eau si pure qu'il est possible de la boire en nageant.

Premier maillon de la chaîne alimentaire du lac, l'epischura est l'élément clé de cet écosystème. Toute la faune en dépend, notamment les phoques et les quelque cinquante espèces de poissons qu'on y a dénombrées. L'epischura ne peut vivre que dans le Baïkal et meurt dès qu'on le met en bocal dans un laboratoire. Outre son rôle primordial dans la chaîne alimentaire, il agit comme un remarquable filtre biologique. Avec les algues diatomées, l'epischura extrait tous les ans environ 250 000 tonnes du calcium charrié par les rivières qui se jettent dans le lac et assure, été comme hiver, la saturation des eaux en oxygène. Malheureusement, les effluents toxiques du combinat de cellulose et de papier construit il y a quarante ans ont décimé le petit crustacé dans les eaux méridionales du lac.

Le lac Baïkal est né il y a environ 25 millions d'années et, respecté comme un site sacré, il s'est développé dans la paix. En l'espace de quelques décennies, le savoir-faire et la cupidité de l'homme du XXe siècle l'ont mené au bord du désastre. L'écologiste Boris Komarov nous rappelle que « la virginité de la Sibérie n'est qu'une illusion. L'industrie, qui ronge ses fragiles et vertes entrailles comme de l'acide sulfurique, a déjà atteint son orbe radieux, le lac Baïkal. »

Tous les espoirs de sauver le lac ne sont pas perdus. Chacun peut y contribuer en soutenant la Baïkal Environmental Wave, une ONG basée à Irkoutsk et pour laquelle j'ai une immense admiration. On peut la contacter par www.baikalwave.eu.org.

LE PLUS GRAND LAC SALÉ DU MONDE

La mer Caspienne
SITUATION Asie centrale
DIMENSIONS 371 000 km^2
COORDONNÉES 42° 00′ 00″ N | 50° 00′ 00″ E

La Caspienne est l'une des bizarreries de la nomenclature géographique. Bien que cette masse d'eau soit entourée par l'Azerbaïdjan, la Russie, le Kazakhstan, le Turkménistan et l'Iran, les Romains, qui lui trouvèrent un goût salé, décrétèrent que c'était une mer et l'appelèrent *Mare Caspium*. Le mot Caspienne vient des Kaspi, ancien peuple de Transcaucasie, à l'ouest. Les géographes considèrent aujourd'hui que la Caspienne, qui contient environ un tiers des eaux continentales, est le plus grand lac d'eau salée et la plus vaste « mer » fermée du globe.

La profondeur maximale de la mer Caspienne est de 975 m et son plan d'eau se trouve à quelque 28 m au-dessous du niveau de la mer. Mais il n'en a pas toujours été ainsi : il y a 11 millions d'années, elle communiquait encore avec la mer d'Azov, la mer Noire et la Méditerranée, ce qui la reliait aux océans du monde. Depuis, son volume n'a cessé de décroître car l'évaporation prélève davantage d'eau que ne lui en apporte ses tributaires – la Volga principalement –, et, sans une intervention humaine pour l'aménager, elle est condamnée à disparaître.

Au début du XXe siècle, la Caspienne produisait la moitié du pétrole mondial. La chute de l'Union soviétique fut un désastre économique pour la région, mais une reprise de la production et de nouveaux champs pétrolifères nourrissent tous les espoirs. L'avenir semble moins rose pour les esturgeons, qui assurent 90 % de la production mondiale de caviar, mais sont aujourd'hui menacés par les braconniers et la pollution.

La Caspienne a peut-être perdu son statut de mer, mais ses habitants ont gardé une âme de marin. Il y cent cinquante ans, l'historien azéri A. K. Bakikhanov prit la « mer » à bord de deux voiliers pour retrouver les villes et villages engloutis d'une Atlantide locale. Les recherches se poursuivent aujourd'hui encore.

LE LAC LE PLUS ÉLEVÉ DU MONDE

Le lac du Licancábur
SITUATION Nord du Chili
ALTITUDE 5 930 m
COORDONNÉES 23° 39′ 00″ S | 70° 24′ 00″ O

Difficile de désigner le lac le plus élevé du monde alors que les experts ne sont pas d'accord sur la définition même du mot ! Un lac est, en principe, une étendue d'eau – douce ou salée – occupant une dépression fermée à l'intérieur d'un continent. Mais, une fois formé, un lac peut changer du tout au tout et garder son nom de lac même quand il est complètement asséché et que son bassin ne reçoit plus d'eau qu'à l'occasion de grosses pluies.

À près de 4 000 m d'altitude, le lac Titicaca, situé à la frontière du Pérou et de la Bolivie, est souvent considéré comme le plus haut lac d'eau douce navigable. On peut, en effet, y voir des hydroptères et des petits canoës traditionnels en roseau glisser à la surface de ses eaux, qui couvrent une superficie de 8 340 km^2.

Le Titicaca n'est pas le seul à revendiquer le titre de plus haut lac du monde : certains voudraient l'attribuer au Panch Pokhari, un lac d'environ 2 km de longueur, situé sur l'Everest, à 5 414 m d'altitude. Mais il existe, plus haut encore, d'autres petits lacs glaciaires qui ne portent aucun nom car ils sont gelés la plupart du temps.

Le plus sûr prétendant au titre est donc le lac comblant le cratère du Licancábur (ci-contre), un volcan éteint situé près du désert d'Atacama, au Chili, qui culmine à 5 930 m. Ce lac, qui n'excède pas 4 m de profondeur, abrite une faune planctonique « extrémophile », faite d'organismes capables de subsister dans des environnements traditionnellement considérés comme inaptes à la vie, car pauvres en oxygène et fortement exposés aux rayons ultraviolets. Le sommet du Licancábur, qui ne comporte pas de glacier, abrite aussi les vestiges d'un autel et de plusieurs refuges datant des Incas, preuve que le site attire les hommes depuis des siècles.

Le lac Supérieur

SITUATION Amérique du Nord
SUPERFICIE 82 414 km^2
COORDONNÉES 47° 29′ 58″ N | 88° 00′ 02″ O

Situés à la frontière entre les États-Unis et le Canada, au centre de la partie orientale de l'Amérique du Nord, les cinq Grands Lacs américains – Supérieur, Huron, Michigan, Érié, Ontario – couvrent une surface de 247 000 km^2, soit près de la moitié de la France. Le plus grand, le lac Supérieur, est aussi le plus grand lac d'eau douce du monde.

Tant par son étendue que par ses aspects hydrologiques, cet ensemble lacustre présente tous les caractères d'une « mer intérieure ». Les Grands Lacs ont joué un rôle capital dans le développement économique de l'Amérique du Nord du fait que le Saint-Laurent, leur émissaire, a été aménagé pour la navigation, et ils forment une façade maritime dont le trafic est presque équivalent en quantité à celui de la façade du Nord-Est atlantique.

Le lac Supérieur fut découvert par les Français qui explorèrent le continent en remontant le fleuve Saint-Laurent. Ils le baptisèrent « supérieur » pour la simple raison qu'il se situe au-dessus du lac Huron, mais n'avaient alors aucune idée de ses dimensions. Les Indiens Chippewa l'appelaient *Kitchi-gummi* – « grande eau ».

La rive du lac Supérieur est dominée par de hauts promontoires rocheux et découpée par des dizaines de criques, bras et péninsules bordées de plages de sable noir. La profondeur maximale du lac est de 397 m, ce qui en fait le lac le plus profond des Grands Lacs. Avec quelque 200 tributaires, ce lac contient suffisamment d'eau pour couvrir le Canada, les États-Unis, le Mexique et l'Amérique du Sud d'une couche de 30 cm d'épaisseur.

> « Le lac est le trait le plus beau et le plus expressif d'un paysage. C'est l'œil de la Terre, où le spectateur, en y plongeant le sien, sonde la profondeur de sa propre nature. »

Henry David Thoreau

1
2

LES PLUS GRANDS LACS DU MONDE

1 MER CASPIENNE, ASIE DU NORD-OUEST | **SUPERFICIE** 373 000 km² | **PROFONDEUR MAXIMALE** 1 025 m
2 LAC SUPÉRIEUR, AMÉRIQUE DU NORD | **SUPERFICIE** 82 414 km² | **PROFONDEUR MAXIMALE** 397 m
3 LAC VICTORIA, AFRIQUE | **SUPERFICIE** 69 480 km² | **PROFONDEUR MAXIMALE** 89 m
4 LAC HURON, AMÉRIQUE DU NORD | **SUPERFICIE** 59 596 km² | **PROFONDEUR MAXIMALE** 250 m
5 LAC MICHIGAN, AMÉRIQUE DU NORD | **SUPERFICIE** 58 016 km² | **PROFONDEUR MAXIMALE** 309 m

LES ENDROITS LES PLUS CHAUDS DE L'OCÉAN

Les évents hydrothermaux

SITUATION Dorsale médio-océanique

Au plus profond de l'océan Atlantique, le long de la dorsale médio-atlantique qui s'étend sur le fond de l'océan, de l'Islande à l'Antarctique, le magma s'échappe en permanence des entrailles du globe pour renouveler la croûte terrestre. Faite de crêtes et de vallées, cette immense chaîne de montagnes sous-marines ne cesse d'évoluer, se fissurant et donnant naissance à de hautes cheminées appelés fumeurs noirs.

Découverts pour la première fois en 1977 dans le Pacifique Est, sur la dorsale des Galápagos, les fumeurs noirs sont des évents hydrothermaux qui crachent, par l'intermédiaire de cheminées faites de cristaux de sulfure de zinc, une eau très chaude et très riche en minerais. On les trouve sur toutes les dorsales océaniques, mais c'est sur la dorsale médio-atlantique que leur concentration est la plus forte.

Ces geysers sous-marins se forment lorsque l'eau des océans s'introduit dans les fissures de la croûte terrestre. Chauffée par le magma qui la porte à ébullition, elle rejaillit à la surface de la croûte terrestre à une température voisine de 350 °C. En se refroidissant, elle libère des minéraux et autres substances chimiques qui alimentent un écosystème très particulier, où prospèrent des vers tubicoles, des crabes albinos et des clams géants.

La plus haute cheminée sous-marine jamais observée fut baptisée Godzilla. Elle s'élevait dans le Pacifique Est, mais s'effondra lorsqu'elle atteignit la hauteur d'un immeuble de 15 étages.

Les fumeurs noirs sont les évents hydrothermaux les plus chauds, mais il existe également des évents aux températures plus modérées appelés fumeurs blancs. Ces curiosités géologiques (ci-dessus), qui recrachent du baryum, du calcium et du silicium, abritent des créatures adaptées à un tel environnement, comme les crabes albinos ou les vers tubicoles géants.

LE LAC LE PLUS COLORÉ DU MONDE

Le lac Natron

SITUATION À la frontière entre le Kenya et la Tanzanie
DIMENSIONS 56 km de long | 24 km de large
COORDONNÉES 2° 30′ 00″ S | 36° 10′ 00″ E

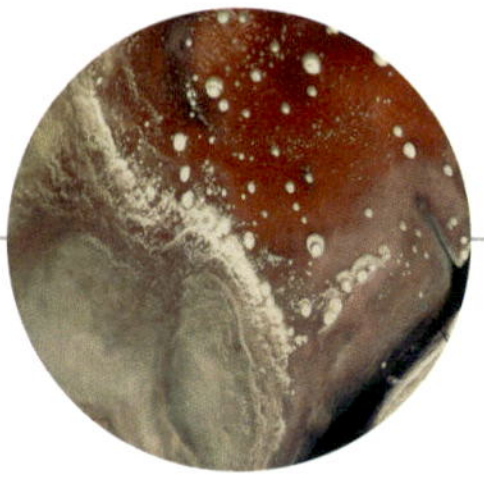

Situé dans la vallée du Rift africain, le lac Natron est un lac sodé de couleur rose. Il est alimenté par les eaux riches en carbonate de sodium (ou natron) des sources chaudes situées en profondeur et des cours d'eau dévalant les pentes alentour. Le lac n'ayant aucun effluent, sa concentration en sels minéraux s'accroît régulièrement, attirant des millions de bactéries qui donnent au lac une couleur rouge pâle très particulière. Cette nuance est accentuée par les quelque 2,5 millions de petits flamants roses qui peuplent la vallée voisine. Ces oiseaux, qui se nourrissent de spiruline, une algue aux pigments rouges, viennent se reproduire sur les berges du lac Natron, dont l'environnement fortement alcalin fait office de barrière contre les éventuels prédateurs attirés par les nids. Obstacle supplémentaire, la chaleur étouffante de la boue, qui peut atteindre 50 °C sous les eaux colorées du lac. En revanche, le *Tilapia*, une espèce de poisson endémique de la région, prospère dans les eaux alcalines du lac, de préférence à proximité des sources chaudes.

Les alentours du lac sont arides mais présentent un paysage volcanique spectaculaire. Du fait de sa taille, le lac change souvent de visage en fonction de l'état de sa croûte de sel et des pigments rouges contenus dans les algues et les bactéries de surface. Certains jours, le lac Natron ressemble à un ragoût brunâtre mais, vu sous le bon angle avec la lumière adéquate, il apparaît d'un rose lumineux.

Le natron, ou carbonate de sodium, était utilisé dans l'Égypte ancienne comme agent dessiccatif pour la momification. Pour les flamants roses, qui viennent se reproduire sur les rives du lac Natron, le sel joue un rôle tout aussi protecteur : il est si caustique qu'il éloigne les prédateurs susceptibles de venir rôder autour de leurs nids.

LA LIGNE BLANCHE DU PACIFIQUE

On prétend que la seule chose que l'on distingue sur Terre depuis l'espace, c'est la Grande Muraille de Chine. Faux ! On peut aussi y voir une ligne blanche qui apparaît dans le Pacifique de façon aléatoire. De temps à autre, il apparaît au sein de l'océan des upwellings – courants ascendants qui transportent à la surface les nutriments des fonds océaniques. Ces courants, qui affectent à peine 0,1 % de la surface des océans, fournissent néanmoins plus de 50 % des produits de la pêche. Ils nous offrent aussi cette curieuse ligne blanche, large de 2 km, qui apparaît en plein Pacifique.

La photographie ci-contre fut réalisée dans le cadre du Joint Global Ocean Flux Study, un programme d'étude internationale portant sur le transport des éléments chimiques en fonction de la circulation océanique. Ce programme dura dix ans, au cours desquels les courants chauds et les courants froids furent identifiés à partir de la couleur et de la température de surface des océans. Pour mesurer le taux de chlorophylle de l'eau, on utilisa un avion Orion P-3 qui volait à 150 m d'altitude et balayait l'océan d'un faible rayon laser bleu vert pour rendre la chlorophylle fluorescente.

L'image prise ici par la navette spatiale fait apparaître dans l'océan Pacifique un tracé de plusieurs centaines de kilomètres quasi rectiligne. En consultant les livres de bord du siècle dernier, on s'est aperçu que cette ligne se manifeste généralement entre août et janvier, lorsque des eaux froides riches en minéraux et en nutriments remontent du fond de l'océan pour s'orienter ensuite vers l'ouest. Il se forme ainsi, dans la couche superficielle d'eau chaude, une nappe d'eau froide de 70 m d'épaisseur.

En surface, la mer est agitée et moutonneuse. On y observe également des poches d'eau vert pâle dues à la présence de diatomées du genre *Rhizosolenia*, des algues microscopiques à peine plus épaisses qu'un cheveu. Un océanographe écrivait en 1926 qu'elles étaient « par endroits si abondantes que l'eau prenait la consistance d'un potage ». La couleur de la « ligne blanche » est donc due à l'aspect moutonneux de la mer et à sa forte concentration en diatomées.

Les diatomées se concentrent en surface là où remontent les eaux froides riches en nutriments. Selon les relevés effectués par l'avion équipé du laser, elles sont cent fois plus nombreuses à l'interface entre la couche d'eau froide et la couche d'eau chaude que partout ailleurs. Non contentes de faire bombance, les diatomées se reproduisent une fois par jour en se divisant.

C'est ainsi que, lorsqu'une masse d'eau froide remonte du fond de l'océan, elle crée un réseau trophique très localisé et très productif qui, s'il ne dure que peu de temps, n'en est pas moins visible depuis l'espace !

Karl S. Kruszelnicki

La ligne blanche du Pacifique est le résultat d'un rendez-vous géant entre des poissons, des vagues et des algues microscopiques.

INDEX

INDEX

U

V

W

Y-Z

CREDITS PHOTOGRAPHIQUES

Anne Alders : 174-175

Bryan et Cherry Alexander : 157 ; 165 ; 276-277

Art Directors and Trip : 11 (D. Clegg) ; 86-87 (C. C) ; 117 (B. Masters) ; 129 (J. Arnold) ; 135 (Eric Smith) ; 136-137 (P. Terry) ; 139 (Eric Smith) ; 140-141 (Viesti Collection) ; 145 (B. Gadsby) ; 180-181 (Archive Photos) ; 227 (Ask Images) ; 253 (M. Jelliffe) ; 301 (I. Burgandinov)

Auscape : 57 (Jean-Paul Ferrero) ; 58-59 (Jean-Paul Ferrero) ; 65 (Jean-Paul Ferrero) ; 245 (D. Parer et E. Parer-Cook) ; 246-247 (D. Parer et E. Parer-Cook)

Bruce Coleman : 98-99 (Luiz Claudio Marigo) ; 216-217 (Pacific Stock) ; 251 (Atlantic SNC)

Corbis : 31 (Galen Rowell) ; 67 (Douglas Peebles) ; 68 (Douglas Peebles) ; 69 (Bob Krist) ; 104-105 (Lloyd Cluff) ; 107 (The Purcell Team) ; 121 (Jim Sugar) ; 123 (Galen Rowell) ; 179 (A. & J. Verkaik) ; 185 (Listin Diaro) ; 187 (Sygma) ; 189 (Rob Matheson) ; 210 gauche ; 210 droite ; 211 ; 236-237 (Roger Ressmeyer) ; 257 (Steve Raymer) ; 261 (K. M. Westermann) ; 263 (Liang Zhuoming) ; 309 (Ralph White)

Kevin Downey : 77 (Urs Widmer)

Evergreen Photo Alliance : 113 (Boyd Norton)

FLPA : 22-23 (Minden Pictures) ; 29 (Keith Rushforth) ; 44-45 (David Hosking) ; 94-95 (Winfried Wisniewski) ; 213 (G. P. Eaton) ; 215 (Panda Photo) ; 230 (USDA) ; 231 (USDA) ; 281 (Steve McCutcheon) ; 305 (Larry West)

Getty : 291 (Art Wolfe)

Images of Africa Photobank : 311 (David Keith Jones)

Doranne Jacobson : 163

Lonely Planet : 47 (Diana Mayfield) ; 83 (Richard Cummins) ; 103 (Matt Fletcher) ; 125 (Michael Aw) ; 166-167 (David Tipling) ; 243 (Greg Johnston) ; 275 (Ralph Lee Hopkins)

Mountain Camera : 15 (Colin Monteath) ; 21 (John English) ; 27 (John Cleare) ; 75 (John Cleare)

NASA : 149 ; 313

Naturepl.com : 35 (Giles Bracher) ; 37 (David Welling) ; 39 (David Welling) ; 49 (Hugh Maynard) ; 71 (Jeff Foott) ; 97 (Staffan Widstrand) ; 101 (Rhonda Klevansky) ; 111 (Arup Shah) ; 119 (Martha Holmes) ; 127 (Jeff Foott) ; 130-131 (Neil Lucas) ; 133 (Dave Watts) ; 151 (Jorma Luhta) ; 229 (Jurgen Freund) ; 232-233 (Michael Pitts) ; 239 (AFLO) ; 255 (Hanne & Jens Ericksen) ; 287 (David Welling) ; 293 (Nigel Bean) ; 303 (Doug Allan)

NHPA : 63 (Daniel Heuclin) ; 197 (K. Ghani) ; 285 (Alberto Nardi)

Oxford Scientific Films : 81 (Adam Jones) ; 91 (Tony Martin) ; 108-109 (Owen Newman) ; 152-153 (Olivier Grunewald) ; 155 (Warren Faidley) ; 169 (Tui de Roy) ; 171 (Mary Plage) ; 207 (Ronald Toms) ; 219 (Mary Plage) ; 225 (Richard Packwood) ; 267 (Konrad Woche) ; 268-269 (Alastair MacEwan) ; 273 (Norbert Rosing) ; 295 (Doug Allan) ; 298-299 (Martyn Colbeck)

Tom Pfeiffer : 201 ; 202 ; 203 ; 205 ; 208-209

Janusz Rosiek : 33

Science Photo Library : 72-73 (Adam Jones)

Still Pictures : 19 (Galen Rowell) ; 43 (Klein/Hubert) ; 50-51 (Dick Ross) ; 55 (Klein/Hubert) ; 115 (Lineair) ; 161 (Philippe Henry) ; 183 (Nigel Dickinson) ; 195 (Michael Gunther) ; 198-199 (Robert Mackinlay) ; 221 (D. Decobecq) ; 249 (Andy Camp) ; 265 (Andre Bartschi) ; 288-289 (Alan Watson)

Woodfall Wild Images : 53 (Martin Zwick) ; 79 (Nigel Hicks) ; 93 (Andreas Leeman) ; 271 (David Woodfall) ; 279 (Steve Austin) ; 283 (Steve Austin)

NOTICES BIOGRAPHIQUES

GEORGE C. BAND fut, à vingt-trois ans, le benjamin de la célèbre expédition de sir Edmund Hillary qui vainquit l'Everest, en 1953. Deux ans plus tard, il fut le premier à faire l'ascension du Kangchenjunga, troisième sommet du monde. Son dernier ouvrage, *Everest : Cinquante ans au sommet du monde*, commémore le 50e anniversaire de la conquête de l'Everest.

SIR RANULPH FIENNES a été nommé « plus grand explorateur vivant du monde » par le *Guinness des Records*. Il réalisa de nombreuses expéditions, dont le premier voyage autour de l'axe des pôles par voie de terre et la plus longue traversée du pôle Sud sans ravitaillement. Il vit actuellement en Angleterre.

SEBASTIAN JUNGER est journaliste et auteur du best-seller *The Perfect Storm and Fire*. Attiré depuis l'enfance par les *« situations extrêmes et les gens borderline »*, il travaille actuellement sur la guerre, le terrorisme et les droits de l'homme depuis les grands points chauds de la planète. Il vit à New York et Cap Cod (Massachusetts).

KARL KRUSZELNICKI est un auteur de vulgarisation scientifique très populaire en Australie. Chargé de cours à l'université de Sydney et homme de médias, il a publié une vingtaine d'ouvrages.

ELLEN MACARTHUR a atteint la célébrité internationale en terminant deuxième du Vendée Globe 2000-2001. Elle est revenue sur ses aventures en mer dans un ouvrage publié récemment, *Du vent dans les rêves*.

PATRICIA MOEHLMAN est écologiste du comportement. Son étude sur les chiens sauvages de Tanzanie lui a valu, dans les années 1970, le surnom de « femme chacal ». Elle a consacré l'essentiel de sa carrière à l'étude de la faune du Serengeti et travaille encore en Afrique orientale mais, désormais, elle s'occupe essentiellement de la protection des espèces menacées, en étroite collaboration avec les populations indigènes.

DERVLA MURPHY a signé une vingtaine de récits de voyages depuis 1964. Elle est allée de Dunkirk à Delhi à bicyclette, a traversé les montagnes du Simien, en Éthiopie, à dos de mulet, et est allée à pied de Kajamarca à Cuzco, au Pérou. Son prochain livre sera consacré à la Sibérie orientale. Elle vit actuellement en Irlande.

HARALDUR SIGURDSSON est professeur d'océanographie à l'université de Rhode Island depuis 1974. C'est aussi un éminent vulcanologue qui a publié plusieurs ouvrages.

GEORGE W. STONE est rédacteur au *National Geographic Traveler*, où il s'exprime sur une large gamme de sujets. Il est par ailleurs engagé dans des campagnes mondiales contre l'exploitation de l'enfance.

SARA WHEELER est l'une des journalistes de voyage les plus connues. Son livre, *Terra Incognita*, qui relate l'histoire de sept montagnes de l'Antarctique, est devenu un best-seller international. Elle a également publié un récit de son voyage au Chili et la biographie d'un des jeunes membres de l'expédition antarctique de Scott. Elle travaille actuellement à un livre sur la colonisation britannique de l'Afrique orientale et sur Denys Finch Hatton, l'aristocrate anglais immortalisé par Robert Redford dans *Out of Africa*.

SIMON WINCHESTER est géologue. Grand voyageur, il est l'auteur d'une vingtaine d'ouvrages qui connurent un succès mondial. Il vit actuellement à New York.

« Notre seul espoir légitime de survie, c'est de chérir ce qu'il reste de la Terre et de favoriser son renouvellement »

Wendell Berry